**Die Recherche-Spezialisten:** Die beiden Dokumentare Andrea-Rebecca Flörke und Tobias Hamelmann haben alle Fakten dieser Ausgabe überprüft – und kennen an der Nordsee nun fast jedes Deichschaf persönlich

## Liebe Leserin, lieber Leser,

**DÜNEN GIBT ES AUCH ANDERSWO,** Möwen kreischen an jedem Meer, und weit blicken kann man nicht nur zwischen Sylt und Greetsiel. Und doch sind Urlauber wie Sie und ich der Nordsee oft ähnlich stark verbunden wie Robben ihrer Sandbank. Rüdiger Koll etwa, einer der Sieger unseres Fotowettbewerbs (siehe Seite 149), reist seit 1956 nach Amrum. Erst nahmen ihn die Eltern mit, bald staunen dann die eigenen Enkelkinder.

Der Grund für dieses doch weitverbreitete Beharrungsvermögen der Strandkorb-Aficionados ist erstens, zweitens und drittens: Überzeugung. Bei wenigen anderen sind Tahiti oder die Copacabana derart abgemeldet wie in der Gemeinde der Nordseefans. „An diesem erschütternden Meere“, schrieb schon Thomas Mann ergriffen ins Gästebuch einer Pension auf Sylt, „habe ich tief gelebt.“

Auch Redakteurin Kirsten Bertrand, die mit diesem Heft ihr Debüt bei GEO Special gibt, hat die geliebte Küste intensiv erfahren. Und zwar wortwörtlich: Sie strampelte 600 Kilometer auf dem Rad. „Es war“, sagt sie „die stürmischste Fahrt meines Lebens.“ Trotzdem kam sie höchst inspiriert zurück in die Redaktion; mit vielen der überraschenden Ideen, die Sie auf den folgenden Seiten verwirklicht sehen. Womit wieder einmal bewiesen wäre: Nichts bläst den Kopf so frei wie die Nordsee. Sie ist ganz nah – und doch ganz weit weg vom Alltag.

Herzlich, Ihre

*Meike Kirsch*

MEIKE KIRSCH

PS: Wenn Sie beim Rätsel aus Heft 1/2008 auf die Lösung „South Georgia“ gekommen sind, haben Sie Ihre Chance auf die Antarktis-Reise gewahrt. Alle Gewinner veröffentlichen wir unter www.geo-special.de.

▸ **REDAKTEURIN DIESER AUSGABE**
**Kirsten Bertrand** erradelte sich die norddeutsche Küste in knapp zwei Wochen – zum Glück fast immer im Windschatten, hinter ihrem Lebensgefährten auf einem Tandem

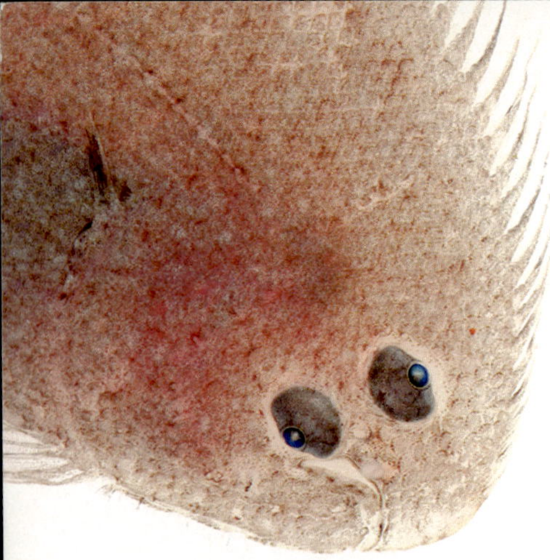

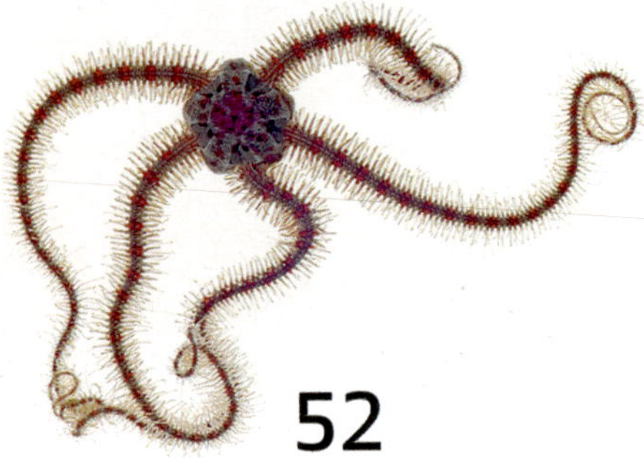

**84**

**CHARAKTERE DER KÜSTE:** Mit der Pensionswirtin auf Kutschfahrt, mit dem Filmflieger in der Luft. Acht nordische Porträts

## THEMEN



## RUBRIKEN

**108**

**RINGEN UM JEDEN METER:** Sylt und der endlose Kampf gegen die Meeresgewalten

**114**

**SCHIETWETTER? NA UND!** Dann eben zu den Walen ins Museum

## dossier

## service

**TITEL:** ELLENBOGEN IM SYLTER NORDEN **FOTOGRAF:** RUDOLF LEIMER

**REDAKTIONSSCHLUSS:** 11. MÄRZ 2008

Quer gestreift statt klein kariert: der Leuchtturm am Lister Ellenbogen auf Sylt

# WIE? WO? WATT?

## Wandelbare Grenzregion, schutzbedürftige Schönheit, Hochburg der Artenvielfalt, populäres Urlaubsziel – die deutsche Nordseeküste hat erstaunlich viele Facetten

**WELCHE LANDSCHAFT** schafft es schon, sich rund alle sechs Stunden komplett zu verwandeln? Wer an die deutsche Nordseeküste kommt, kann es erleben. Wenn sich die Flut zurückzieht, gibt sie einen Schatz frei: In der Deutschen Bucht fallen dann insgesamt rund 3500 Quadratkilometer Meeresgrund trocken; auf einem Streifen, der zwischen fünf und 20 Kilometer breit ist – die größte Wattfläche der Welt. Auch der Artenreichtum ist eine Besonderheit: Das Wattenmeer gehört zu den produktivsten Lebensräumen des Planeten, ist Heimat oder Rastplatz unzähliger Seehunde, Vögel, Fische und Kleinstlebewesen, von denen Hunderte nur hier vorkommen. Der Mensch hat erkannt, dass diese Lebensgemeinschaft geschützt werden muss: Die drei Nationalparks Niedersächsisches, Hamburgisches und Schleswig-Holsteinisches Wattenmeer (siehe Karte) umfassen insgesamt knapp 7400 Quadratkilometer Watt- und Wasserflächen, Salzwiesen, Strände oder Dünen. Bei Urlaubern wird die Region immer populärer: Die Statistik der Touristikverbände weist 37 Millionen Übernachtungen im Jahr aus – Tendenz steigend.

## FUNDSTÜCK

FÜNF VOR FLUT

**WANN KOMMT DAS WASSER?** Die Gezeiten-Uhr verrät's: Kleine Wellensymbole zeigen den aktuellen Meerespegel an, wahlweise auch den zukünftigen. Hinter dieser Miniaturisierung steht eines der gewaltigsten Naturphänome der Erde: der Wechsel von Ebbe und Flut. Ausgelöst wird dieses Auf und Ab einerseits durch die Anziehungskraft des Mondes. Die ist so stark, dass sich das Wasser in Mondrichtung zu einem Flutberg wölbt. Auf der anderen Erdseite überwiegen derweil Zentrifugalkräfte, die ebenfalls einen Wasserberg entstehen lassen. Bei ihrer täglichen Drehung um die eigene Achse wandert die Erde unter beiden Bergen hindurch: Wir erleben zweimal Flut, jedoch nicht innerhalb von 24 Stunden, sondern in 24 Stunden und 50 Minuten. Für diese „Verspätung" ist der Mond verantwortlich: Während sich die Erde einmal dreht, ist auch er ein Stück auf seiner Reise um die Welt weitergerückt und zieht „seinen" Wasserberg nach. Die Gezeiten-Uhr kalkuliert dies ein – allerdings nur für einen festen Ort. Denn die Flut brandet nicht überall gleichzeitig auf die Küste: Sie bewegt sich in der Nordsee vielmehr gegen den Uhrzeigersinn. Wenn vor Borkum das Wasser steigt, geht es erst zwei Stunden später vor Sylt hoch her. Der Uhr muss man deshalb für jeden Ort neu die Zeit des lokalen Hochwassers eingeben. Die erfährt man etwa beim Bundesamt für Seeschifffahrt und Hydrographie unter www.bsh.de. Oder man fragt den Wattführer seines Vertrauens. Der aber wird garantiert sagen, dass auch Wind und Wetter die Gezeiten verschieben können. Und dafür hat die Uhr leider keinen Knopf.

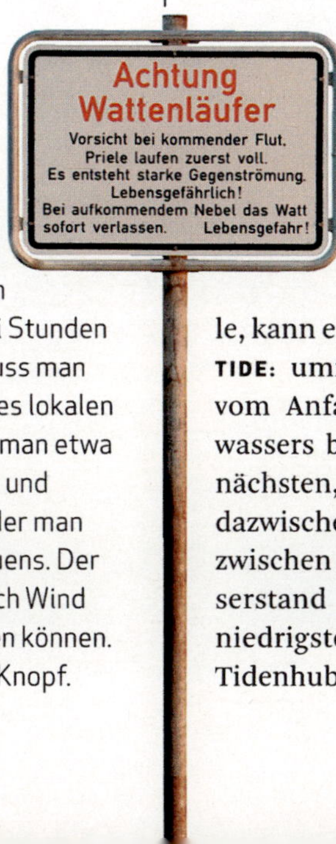


# NORDSEE-GLOSSAR

Wer an die Küste reist, mag manches Mal an seinen Sprachkenntnissen zweifeln. Hier kommt Hilfe

**BLANKER HANS:** die von einer Sturmflut aufgepeitschte Nordsee. Einst soll ein Deichgraf auf einem neuen, vermeintlich sicheren Deich stehend, dem Meer höhnisch „Trutz nun, blanker Hans!" entgegengerufen haben. Kurz darauf brach die Sturmflut von 1634 herein, die zweite große „Mandränke".

**BUHNE:** Stahlwände, Steinwälle oder Holzdämme, die rechtwinklig vom Ufer ins Wasser gebaut werden, um die Wucht starker Strömungen abzumildern.

**DÖNTJE:** plattdeutsch für eine kleinere, meist lustige Anekdote.

**GEEST:** eiszeitlicher, steiniger Boden, der weite Teile Norddeutschlands bedeckt und die Kerne von Sylt, Föhr und Amrum bildet.

**KLÖNSCHNACK:** Treffen sich mehrere Friesen zum Teetrinken und Plaudern, ist dies ein Klönschnack. Garantiert mit manchem Döntje.

**KLUNTJES:** große Kandiskristalle, mit denen traditionell der Tee gesüßt wird.

**KOOG:** Um fruchtbares, angeschwemmtes Land dauerhaft nutzen zu können, wird es eingedeicht. Ein so umschlossenes Gebiet heißt in Schleswig-Holstein Koog, Polder sagen die Ostfriesen.

**LAHNUNG:** Holzpflock-Reihe, auch Kunststoffplatten oder Erdwälle, die der Landgewinnung dienen. Zwischen den Lahnungen beruhigt sich das Wasser, Schwebstoffe sinken ab. So wächst langsam neues Land vor den Deichen.

**MARSCH:** fruchtbares Land zwischen Watt und Binnenland, das entsteht, indem sich an Pionierpflanzen auf dem Schlick – etwa dem Queller – Sedimente ablagern. In der Folge siedeln sich weitere zähe Pflanzen an, Salzwiesen wachsen.

**ODDE:** sandige Landzunge in exponierter Lage, die ständig der Gewalt der Strömung ausgesetzt ist.

**PRIEL:** natürlicher Wasserlauf im Watt, der selbst bei Ebbe selten trockenfällt.

**SIEL:** Deiche schützen zwar vor Hochwasser, halten aber auch Wasser im Binnenland zurück. Durch Tore in den Wällen, die Siele, kann es wieder ablaufen.

**TIDE:** umfasst den Zeitraum vom Anfang eines Niedrigwassers bis zum Beginn des nächsten, mit einer Flutphase dazwischen. Der Unterschied zwischen dem höchsten Wasserstand der Flut und dem niedrigsten bei Ebbe heißt Tidenhub.

# 10 GRÜNDE FÜR DIE NORDSEE

## WARUM SIE UNBEDINGT BALD REISEN SOLLTEN

2

1 ... weil Ihnen jetzt das **GOLD DES NORDENS** zu Füßen liegt. Jedenfalls ist die Wahrscheinlichkeit nach den heftigen Frühjahrsstürmen recht hoch, an den Stränden Bernstein zu entdecken. Als eine der besten Fundstellen (übrigens ganz Europas) gilt der Hitzsand, eine Sandbank vor St. Peter-Ording.

2 ... um ein Wunder zu bestaunen: Noch bis Anfang April entfalten im Husumer Schlosspark mehr als vier Millionen **KROKUSSE** ihre violette Pracht. Einer Legende nach pflanzten Mönche im 15. Jahrhundert die ersten der Frühblüher, um aus den Blütennarben Farbe für ihre Gewänder zu gewinnen.

3 ... weil Sie beim traditionellen **RUND FÖHR** Durchhaltevermögen beweisen können. An Christi Himmelfahrt (1. Mai) wandern Föhrer und ihre Gäste einmal rund um die zweitgrößte Nordseeinsel. Packen Sie genügend Proviant ein – die Strecke misst rund 37 Kilometer.

4

4 ... um im Mai Ihre **SEETÜCHTIGKEIT** unter Beweis zu stellen. Oder Seetüchtigen wenigstens zusehen zu können. Bei der Nordseewoche, einer deutschen Hochseeregatta: Über Pfingsten (9. bis 13. Mai) treffen sich rund um Helgoland die größten und kleinsten Yachten der Szene, www.nordseewoche.org.

5 ... weil es beim **LUMMENSPRUNG** auf Helgoland Sturzflüge par excellence zu bewundern gibt. Von Mai bis Juni verlassen die drei Wochen alten Küken der Trottellummen ihren Geburtsort, den Lummenfels. Die Vögelchen springen, im Daunenkleid und völlig flugunfähig, aus mehr als 50 Meter Höhe in die Nordsee – angefeuert von ihren Eltern. Und ja: In den allermeisten Fällen geht der Sturz gut aus.

6 ... um das **FILMFEST EMDEN-NORDERNEY**, mit 100 Filmen eines der größten niedersächsischen Ereignisse dieser Art, vom 4. bis zum 11. Juni nicht zu verpassen.

5

7 ... weil Sie beim **EWE-NORDSEELAUF** vom 7. bis zum 14. Juni die niedersächsische Küste im Schnellschritt erkunden können: Die ersten sieben Etappen führen Jogger und Walker über alle großen Ostfriesischen Inseln. Die Bodenhaftung des letzten Abschnitts ist speziell: Da geht es von Neuwerk nach Cuxhaven – mitten durchs Watt: www.bremerhaven-touristik.de.

7

8 ... um das Rad der Geschichte gut 560 Jahre zurückzudrehen. Vom 10. bis zum 13. Juli erinnert das Mittelalterfest **HEIDER MARKTFRIEDEN**, eines der größten Historienspektakel Norddeutschlands, an den Freiheitsdrang der Dithmarscher.

9 ... weil Deutschlands einziges **PFERDERENNEN** auf dem Meeresgrund in Cuxhaven ansteht. Am 13. Juli wird das Watt hinter dem Duhner Seedeich zur Rennbahn: Dort laufen fast 150 Traber und Galopper bei insgesamt zwölf Rennen um die Wette. Auch Hobbyreiter sind willkommen: www.duhner-wattrennen.de.

9

10 ... um sich eine außergewöhnliche Schlammpackung zu holen. Bei der **WATTOLÜMPIADE** (sic!) in Brunsbüttel treten matschresistente Mannschaften im Wattwolliball (sic!) oder beim Aal-Staffellauf gegeneinander an. Die Wattkampfarena (sic!) öffnet am 27. Juli. Warnhinweise: www.wattoluempia.de.

10

MÖVENPICK
SCHÄTZE DER WELT
MÖVENPICK
PREMIUM ICE CREAM
Eine Genussreise für die Sinne:
Pistache à la Marrakech.
Eine Eiskreation, inspiriert von der facettenreichen Küche des Orients. Zartschmelzender Pistazien-Eisgenuss, verfeinert mit Pistazien- und Feigenstückchen und raffiniert abgerundet mit einem Hauch Kardamom. Gehen Sie auf eine Genussreise mit unseren zartschmelzenden Kostbarkeiten. Wo Sie unsere Schätze der Welt finden, erfahren Sie im Internet unter: www.moevenpick-eis.de
MÖVENPICK
SCHÄTZE DER WELT
CHOCOLATE PICANTE
MÖVENPICK
SCHÄTZE DER WELT
NOUGAT
PRUNES
MÖVENPICK
SCHÄTZE DER WELT
ALMENDRAS
ANDALUZ
MÖVENPICK
SCHÄTZE DER WELT
PISTACHE
À LA
MARRAKECH

## REISEGEPÄCK

**DIE FAVORITEN DER GEO-SPECIAL-REDAKTION:**
Was Sie in den Urlaub mitnehmen sollten

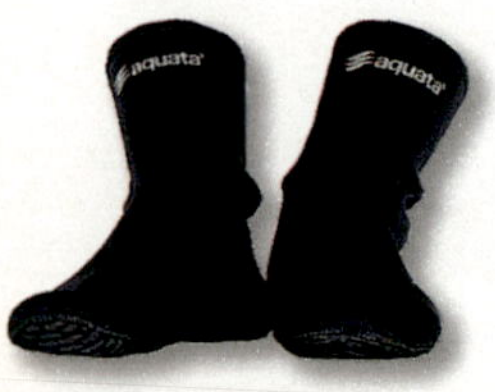


1

■ **Weich durchs Watt: Neoprensocken, ca. 16 €**
Wer schon in Gummistiefeln durchs Watt gewandert ist, weiß: Es ist kein Vergnügen, die kniehohen Treter aus dem Schlick zu ziehen. An tiefen Stellen können sie sogar volllaufen. Barfuß zu gehen ist für Abgehärtete eine Alternative, wärmer und weicher aber sind Neoprensocken: praktische Kautschuk-Füßlinge, die in Tauchgeschäften oder per Internetversand zu bekommen sind. Kaufen Sie die Socken nicht zu groß, sonst verschwinden auch die im Morast!

2

■ **Reisebuch: „Nordsee für Kinder. Spiel – Spaß – Wissen", Moses-Verlag, 6,50 €**
Was genau ist der Tidenhub, wie tief können Kegelrobben tauchen, und wo werden Buddelschiffe hergestellt? Das handliche Ringbuch für Kinder widmet sich Fragen zu Natur, Tieren und friesischer Lebensart, auf die – Hand aufs Herz – wohl auch viele Erwachsene keine Antworten wüssten. Ideal für kurzweiliges Blättern im Strandkorb, und dank des Kapitels „Spiele für unterwegs" sogar schon während der Anreise nützlich.

3

■ **Lenkdrachen: Modell „Easy Standard" von Level One, 85 €**
Die Strände der Nordsee sind ideale Reviere, um Drachen in die Lüfte zu schicken. Nostalgische Modelle aus Seidenpapier sehen zwar schön aus – sportlicher aber ist das Spiel mit modernen Lenkdrachen aus Kohlefaserstäben und Kunststoff. Für Anfänger eignet sich besonders der „Easy Standard" von Level One: relativ klein, leise, drehfreudig und auch dann zu starten, wenn es ausnahmsweise einmal wenig bläst.

4

■ **Plattdüütschet Hööbook: „Höög di!", 9,80 €, www.nw-verlag.de**
Höög di! – Freu dich! heißt das Hörbuch in plattdeutscher Sprache. Was Sie auf der CD finden? „Vertellen, Riemels un Leeder vonne Küste un umto." Also amüsante Geschichten, Gedichte und Lieder von der Küste und anderswo; ideal, um sich erstmals bei den Nordlichtern einzuhören. Wer des Plattdeutschen bereits mächtig ist, der mag sich im nächsten Schritt an das Friesische wagen: Das kleine Wörterbuch „Snaak friisk!" (7 €, www.nordfriiskinstituut.de) hilft.

## KOKS ÜBER BORD!

Am Strand findet sich oft seltsames Treibgut – manchmal ist das gar ein Fall für die Polizei

**IM FRÜHJAHR 2007** gaben einige Spaziergänger außergewöhnliches Treibgut bei der Sylter Polizei ab: fast 25 Kilogramm Kokain, die sie am Strand gefunden hatten. Schmuggler müssen das Rauschgift mit einem geschätzten Straßenverkaufswert von 1,1 Millionen Euro, wohl aus Angst vor Kontrollen, zwischen Antwerpen und Bremerhaven vom Schiff geworfen haben. Ein spektakulärer Fund, ohne Zweifel. Doch eigentlich spült das Meer ständig irgendwo etwas an Land. Auf Amrum konnte man sich schon mit Orangen eindecken, Jahre später trieben Rasierklingen, fein in Ölpapier verpackt, an den Strand. Auch Süßes schwamm schon im Salzwasser: Kaugummis und Bonbons etwa, immer noch genießbar. Vor der Küste Schleswig-Holsteins brandete 2007 eine Flut aus Arbeitshandschuhen und Flechtkörben auf den Strand, der eine flächendeckende Anlandung von Partytellern aus Plastik folgte. Bananen, Bierdosen, Bauholz – auf Juist wundert man sich schon lange über fast gar nichts mehr. Wattführer erzählen gern die Geschichte der treibenden Turnschuhe: So sollen vor einigen Jahren Unmengen linker Schuhe mit Luftsohlen auf Juist angeschwemmt worden sein, während auf Borkum überwiegend die rechten Pendants strandeten. Daraufhin sei zwischen den Inseln eine regelrechte Tauschbörse in Gang gekommen. Obwohl solches Treiben, streng genommen, verboten ist: Treibgut, das mehr als zehn Euro wert ist, muss bei der Polizei oder in einem Fundbüro angezeigt werden. Meldet sich der Eigentümer nicht innerhalb von sechs Monaten, kann der Finder seine Entdeckung behalten. Was für Kokain selbstverständlich nicht gilt.

## Drei Fragen an …

▸ **OBERKOMMISSAR KENNETH ROSTIG**

*Leiter der Wasserschutzpolizei Helgoland*

**GEO SPECIAL: Vor einem Jahr hat die Polizei auf Helgoland ihren ersten Dienstwagen erhalten. Sind Sie zufrieden?**

**KENNETH ROSTIG:** Ja, das Auto ist eines von nur zwei Dutzend auf der Insel und für meine vier Kollegen und mich eine Erleichterung. Früher kamen wir nur zu Fuß oder per Fahrrad zum Einsatzort: Wenn wir vom unteren Inselteil zum Oberland wollten, bedeutete das, 184 Treppenstufen bewältigen zu müssen. Mit dem Auto sind wir nun sehr viel schneller. Außerdem haben wir unsere Ausrüstung immer dabei: Flatterband, Fotoapparat und den Spurensicherungskoffer. 400 Kilometer sind wir bereits gefahren. Und das, obwohl die Insel nur gut einen Quadratkilometer groß ist.

**GS: Zu welcher Art von Einsätzen müssen Sie auf diesem kleinen Stück Erde überhaupt ausrücken?**

**KR:** Körperverletzung, Diebstahl, manchmal schlichten wir auch Ehestreit. Das Auto ist vor allem hilfreich, wenn wir Betrunkene oder Straftäter zur Dienststelle mitnehmen wollen. Früher mussten wir mit denen durch den ganzen Ort laufen. Jetzt ist eine gewisse Anonymität sichergestellt.

**GS: Und wie schnell fahren Sie maximal?**

**KR:** Auf Helgoland gilt eine Geschwindigkeitsbegrenzung von zehn Stundenkilometern. Im Notfall sind wir aber auch schon mit Tempo 30 unterwegs gewesen; mit Martinshorn und Blaulicht.

[DIE WAHRE GESCHICHTE]

# WEDER NERZ NOCH FRIESE

Nicht kleidsam, aber Kult für Generationen von Küstenbesuchern: der »Ostfriesennerz«. Woher aber stammt er?

**ALS DER DÄNE JAN E. ANSTEEN NIELSSON** 1958 bei Kopenhagen seine Firma für Sportbekleidung gründete, konnte er nicht ahnen, dass eine seiner Erfindungen unter einem deutschen Spottnamen zum Bestseller werden sollte. Nielsson tüftelte an wasserdichter Bekleidung für Fischer und Segler. Heraus kam die Mutter aller Regenjacken: gelb wie ein Briefkasten und umweht von Gummigeruch. Ab den 1970er Jahren hing die mit rund 20 Mark extrem preiswerte Dänen-Jacke in fast jedem deutschen Kleiderschrank. Als damals die ersten Ostfriesenwitze die Runde machten, wurde vermutlich auch ihr Spitzname geboren: Ostfriesennerz. Wasserdicht war sie durch eine Beschichtung aus Viskose und PVC. Segen und Fluch zugleich: Der Plastikpelz lässt zwar keine Feuchtigkeit hinein, aber eben auch keine heraus. Damit ist sein Träger irgendwann von innen so nass, wie er ohne Jacke geworden wäre. Die Erfindung atmungsaktiver Textilien war es denn auch, die den Höhenflug des Friesennerzes beendete – neue Modetrends taten das Übrige. Obwohl: Verkauft wird die Jacke immer noch. Und im Internet geben sich Fans Tragetipps. Zur besseren Durchlüftung, heißt es dort zum Beispiel, könne man doch Löcher in den Stoff unter den Armen stanzen.

**Deichbauer im Plastikpelz: Die gelbe Kluft gilt als »unkaputtbar«**

## EIN TURM GEHT ZUR NEIGE

**DER SCHIEFSTE TURM DER WELT** steht nicht in Pisa, sondern im ostfriesischen Suurhusen. Das gut 27 Meter hohe Gebäude weist einen Neigungswinkel von 5,19 Grad auf – der Turm von Pisa dagegen lehnt sich lediglich mit 4,95 Grad zur Seite. Grund für die Schieflage des Suurhusener Kirchturms ist sein Fundament: Das Gemäuer wurde im Jahr 1450 auf Eichenstämmen errichtet, die allmählich verrotteten. Vor gut zehn Jahren konnte der Turm so weit stabilisiert werden, dass er nicht weiter kippt. Muss er auch nicht: Ein Eintrag ins neue Guinness-Buch der Rekorde, das im September 2008 erscheint, ist ihm sicher. Sofern in der Zwischenzeit kein anderer Turm noch stärker aus dem Rahmen fällt.

## SCHEINHEILIG EINGESCHENKT

Das Geheimnis dieses Getränks ruht unter der Sahne: Wie der »Pharisäer« zu seinem biblischen Namen kam

**MAN NEHME EINE TASSE STARKEN KAFFEE** mit Würfelzucker, gieße etwa vier Zentiliter Rum hinzu und bedecke das Getränk mit einer Haube geschlagener Sahne. Unkundige rühren um, Kenner trinken durch den Sahnedeckel. Denn nur so bleibt der Alkoholduft unbemerkt. Und genau dies ist angeblich der Grund, weshalb die norddeutsche Spezialität in Anlehnung an die biblischen Heuchler „Pharisäer" genannt wird. Glaubt man der Legende, wurde die Mischung im 19. Jahrhundert auf der Nordfriesischen Halbinsel Nordstrand erfunden. Der dortige Pastor Georg Bleyer galt als strenger Antialkoholiker, in dessen Gegenwart selbst gestandene Friesen es nicht wagten, zur Flasche zu greifen. Nun feierte man Kindstaufe, der Pastor kam zum Kaffee, machte jedoch keine Anstalten, beizeiten nach Hause zu gehen. Die Gastgeber wurden unruhig: Der Schnaps stand bereit und schien doch unerreichbar. Bis jemand den Rum in den Kaffee goss und die Mogelpackung mit Sahne deckelte. Nur Pastor Bleyer bekam weiter normalen Kaffee. Aber sei es, weil die Feiernden allzu lustig wurden oder der Gottesmann zur falschen Tasse griff: Der Schwindel flog auf. „Oh, ihr Pharisäer!", soll der Pastor erzürnt in die scheinheilige Runde gerufen haben. Ganz unverschämt gibt es das Getränk inzwischen in jedem Café an der Küste.

# Aus der Möwenperspektive

**Inseln mit tropisch anmutenden Stränden. Küstenstreifen wie im Amazonasbecken. Golden gefärbtes Meer. Die Nordsee vermag immer wieder zu überraschen – selbst jene, die sie schon zu kennen glauben**

FOTOS ¬ JOCHEN KNOBLOCH

## Lebendige Formen

Wie ein überdimensionales Seepferdchen liegt **WANGEROOGE** im Meer. Die östlichste der Ostfriesischen Inseln, über deren »Kopf« sich Spiekeroog und Langeoog abzeichnen, ändert ihr Antlitz ständig: Im Westen hat sie bereits viel Land verloren, im Osten dagegen wuchs sie in 300 Jahren um 2,5 Kilometer

## Enge in der Weite

Wie alle Halligen wird auch **LANGENESS** regelmäßig überflutet. Doch die Häuser der rund 140 Einwohner stehen sicher auf 18 Erdhügeln, den Warften. Die Ketelswarf, die größte auf Langeneß, beherbergt neben Höfen, Museen und Feuerwehrhaus noch zwei heute fast überwucherte Fethinge – Regensammelbecken, die früher die einzige Möglichkeit waren, an Süßwasser zu kommen

## Sommerfrische, kilometerweit

An warmen Tagen drängen sich vor der Badestelle Böhl in ST. PETER-ORDING die Gäste. Bei Flut schrumpft der Strand, und die bunten Zeltmuscheln weichen. Nur das Restaurant bleibt, wo es ist: auf Pfählen im Wasser, erreichbar über einen halbwegs trockenen Steg

## Nicht Land, nicht Meer

Wie ein Adergeflecht verästeln sich die Wasserläufe an der Südwestspitze **EIDERSTEDTS**. Hier siedeln zwischen Watt und Deich nur zäheste Pflanzen – der Queller etwa, ein Pioniergewächs, das erst im Salzwasser richtig aufblüht

# Elb-Dorado für Kapitäne

Abendlicht taucht die Elbmündung nördlich von **CUXHAVEN** in goldenen Glanz. Was durchaus Symbolwert hat: Hier gehen Milliardenwerte auf Weltreise. Der Mündungstrichter gehört zu den am stärksten befahrenen Wasserstraßen Europas: Jedes Schiff auf dem Weg von oder nach Hamburg muss durch das Nadelöhr

## Angezählter Gigant

Was wäre **HELGOLAND** ohne sein Wahrzeichen, die Lange Anna? Immer noch Deutschlands einzige Hochseeinsel. Ein Trost! Denn um die 47 Meter hohe Felsnase steht es nicht gut: Der Sandstein bröckelt so schnell, dass er wahrscheinlich bald an seiner porösesten Stelle in 20 Meter Höhe brechen wird. Alle Rettungsversuche sind eingestellt

# REIF FÜR DIESE INSELN?

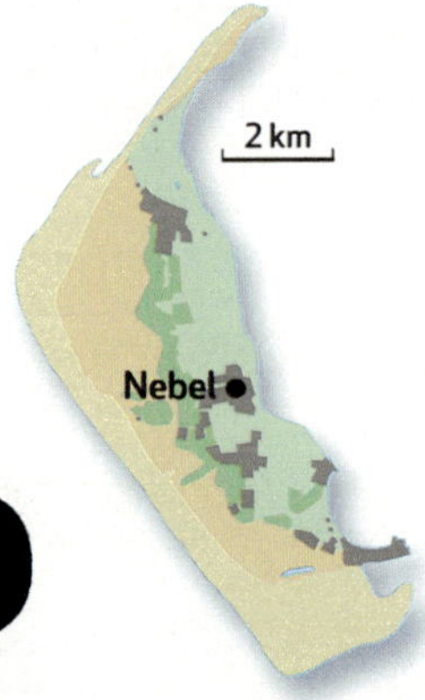


## AMRUM

*... ist die waldreichste Insel der deutschen Nordsee.* **LÄNGE:** *8,5 km* **BREITE:** *3 km* **FLÄCHE:** *20 $km^2$* **STRAND:** *ca. 10 $km^2$* **BEWOHNER:** *2350* **TOURISTEN PRO JAHR:** *ca. 165 000* **STRANDKÖRBE:** *ca. 1500* **POLIZISTEN:** *sommers 4, winters 2* **TIERE:** *ca. 250 Schafe, 300 Kühe, 150 Pferde* **BESONDERHEIT:** *Der Kniepsand ist nicht Teil der Insel, sondern eine Sandbank.*

## Zwölfmal Erholung

Kurz, knapp und kurios: Entdecken Sie Helgoland samt den Nordfriesischen Inseln und – nach dem Umblättern – die ostfriesischen Pendants. Damit Sie entscheiden können, wohin genau es Sie zieht

## PELLWORM

*... liegt bis zu 1 m unter dem Meeresspiegel und wird rundum durch einen 25 km langen und bis 8,3 m hohen Deich geschützt.* **LÄNGE:** *ca. 8,5 km* **BREITE:** *ca. 6 km* **FLÄCHE:** *38 $km^2$* **SANDSTRAND:** *0, dafür 9 Badestellen* **BEWOHNER:** *ca. 1000* **TOURISTEN PRO JAHR:** *ca. 21 000* **STRANDKÖRBE:** *200* **POLIZISTEN:** *1* **TIERE:** *ca. 6000 Schafe, 3000 Kühe, 100 Pferde* **BESONDERHEIT:** *Außer Tammensiel am Hafen gibt es keine geschlossenen Ortschaften.*

Bebauung ▬ Sand ▬ Düne ▬ Wald ▬ Kulturland/Marsch ▬

## FÖHR

... bietet nicht nur Strandabschnitte für Hundehalter, Sportler und FKKler, sondern auch für Nichtraucher. **LÄNGE:** knapp 13 km **BREITE:** 8,5 km **FLÄCHE:** 83 km² **STRAND:** 15 km **STRANDTOILETTEN:** 13 **BEWOHNER:** ca. 8700 **TOURISTEN PRO JAHR:** ca. 172 000 **STRANDKÖRBE:** 2526 **POLIZISTEN:** sommers 10, winters 7 **TIERE:** ca. 3500 Schafe, 10 000 Kühe, 850 Pferde **BESONDERHEIT:** Wyk auf Föhr ist Sitz der zweitgrößten Reederei Schleswig-Holsteins, der Wyker Dampfschiffs-Reederei.

## SYLT

... die „Königin", ist die größte Insel der deutschen Nordsee. **LÄNGE:** 38 km **BREITE:** zwischen 0,3 und 12,5 km **FLÄCHE:** 100 km² **STRAND:** 65 km **BEWOHNER:** ca. 21 500 **TOURISTEN PRO JAHR:** ca. 725 000 **STRANDKÖRBE:** zur Hochsaison ca. 11 000 **POLIZISTEN:** sommers 53, winters 36 **TIERE:** ca. 3000 Schafe, 1000 Kühe, 200 Pferde **BESONDERHEIT:** Im Norden liegen Deutschlands letzte Wanderdünen, die sich im Schnitt 4,5 m pro Jahr nach Osten verlagern.

## HELGOLAND

... ist, rund 45 km vom Festland entfernt, die kleinste deutsche Nordseeinsel. **LÄNGE:** 2 km **BREITE:** ca. 800 m **FLÄCHE:** 1 km², mit Düne: 1,6 km² **STRAND** mit Düne: 3 km **BEWOHNER:** ca. 1450 **TAGESTOURISTEN PRO JAHR:** bis zu 430 000 **STRANDKÖRBE:** ca. 400 **POLIZISTEN:** sommers 6, winters 4 **TIERE:** 68 Schafe, 8 Kühe, ca. 150 Seehunde, ca. 150 Kegelrobben **BESONDERHEITEN:** fast autofrei. Für Allergiker erholsam: Die Luft ist nahezu ohne Pollen. Es gibt zwei Fußgängerampeln; sie warnen vor landenden Privatflugzeugen.

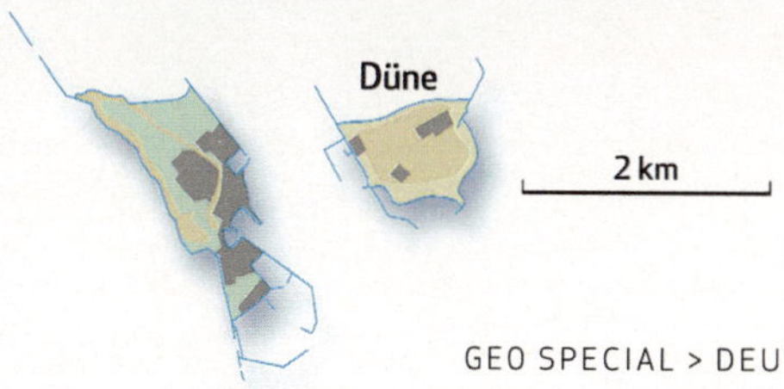

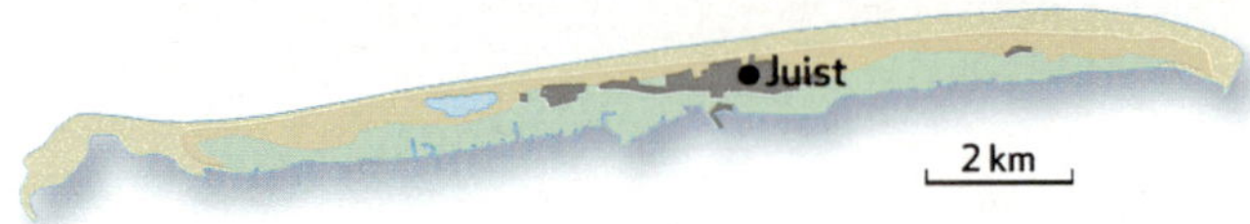


## JUIST

... *sprich Jüst, ist die längste und gleichzeitig schmalste der Ostfriesischen Inseln.* LÄNGE: *17 km* BREITE: *teilweise nur 700 m* FLÄCHE: *13,7 km²* STRAND: *17 km* BEWOHNER: *knapp 1800* TOURISTEN PRO JAHR: *ca. 98 000* STRANDKÖRBE UND STRANDZELTE: *1100* POLIZISTEN: *1* TIERE: *ca. 10 Schafe, 0 Kühe, ca. 100 Arbeitspferde, 50 Reitpferde* BESONDERHEITEN: *autofrei; viele Pferdekutschen, selbst bei der Müllabfuhr.*

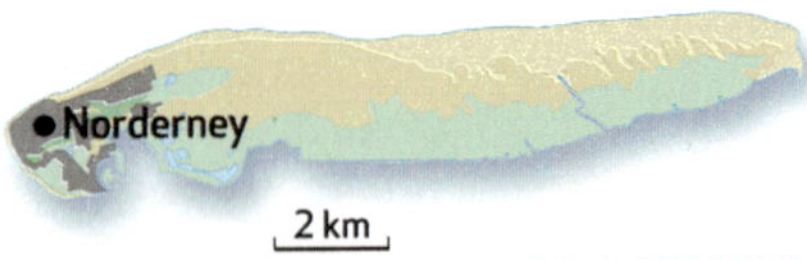


## NORDERNEY

... *hat seinen Namen von „Norder neye oog" – Nordens neue Insel.* LÄNGE: *14 km* BREITE: *bis zu 2 km* FLÄCHE: *26 km²* STRAND: *ca. 16 km* BEWOHNER: *ca. 6200* TOURISTEN PRO JAHR: *ca. 330 000* STRANDKÖRBE: *2200* POLIZISTEN: *sommers bis zu 20, winters 11* TIERE: *0 Schafe, 0 Kühe, ca. 70 Reitpferde* BESONDERHEITEN: *viele klassizistische Gebäude; sehr reiterfreundlich mit ca. 70 km Reitwegen.*

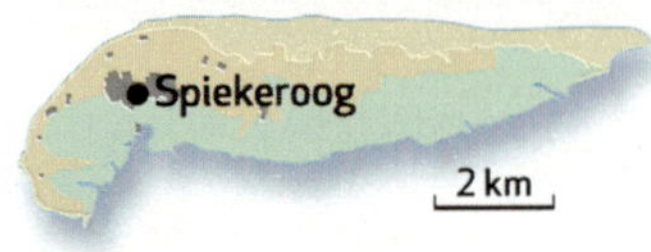


## SPIEKEROOG

... *übersetzt „Speicherinsel", gilt als besonders urig und traditionsbewusst.* LÄNGE: *10,5 km* BREITE: *3,5 km* FLÄCHE: *ca. 18,5 km²* STRAND: *13 km* BEWOHNER: *ca. 750* TOURISTEN PRO JAHR: *knapp 90 000* STRANDKÖRBE: *600* POLIZISTEN: *1* TIERE: *46 Schafe, 16 Kühe, 70 Pferde* BESONDERHEIT: *Zwischen Ostern und den Herbstferien verkehrt hier die einzige Museumspferdebahn Deutschlands, eine Kutsche auf Schienen.*

## BALTRUM

... Spitzname „Dornröschen der Nordsee", ist so klein, dass man „bald rum" ist. LÄNGE: 5 km BREITE: 1,7 km FLÄCHE: 6,4 km² STRAND: ca. 5 km BEWOHNER: ca. 500 TOURISTEN PRO JAHR: ca. 40000 STRANDKÖRBE: ca. 850 POLIZISTEN: 1 TIERE: 0 Schafe, 0 Kühe, ca. 40 Rehe BESONDERHEITEN: autofrei; keine Straßennamen, Häuser in der Reihenfolge ihrer Erbauung nummeriert, beginnend bei den ältesten.

## BORKUM

... ist die größte der Ostfriesischen Inseln und verfügt über 130 km Rad- und Wanderwege. LÄNGE: ca. 12 km BREITE: ca. 5 km FLÄCHE: 31,5 km² STRAND: ca. 17 km BEWOHNER: ca. 5500 TOURISTEN PRO JAHR: ca. 280000 STRANDKÖRBE: max. 2000 POLIZISTEN: 18 TIERE: ca. 70 Schafe, 160 Kühe, 180 Pferde BESONDERHEIT: Die Jugendherberge „Am Wattenmeer" ist mit 582 Betten die größte Deutschlands.

## WANGEROOGE

... ist nach Baltrum die zweitkleinste bewohnte Ostfriesische Insel. LÄNGE: 8 km BREITE: bis zu 2 km FLÄCHE: 7 km² STRAND: 10 km BEWOHNER: knapp 1000 TOURISTEN PRO JAHR: ca. 110000 STRANDKÖRBE: 1300 POLIZISTEN: sommers bis zu 3, winters 1 TIERE: 0 Schafe, 0 Kühe, diverse Pferde BESONDERHEITEN: autofrei; eine Schmalspurbahn bringt Besucher vom Hafen zur Dorfmitte.

## LANGEOOG

... ist mit seinen Spiel- und Sportangeboten sehr familienfreundlich. LÄNGE: 12 km BREITE: ca. 1,5 km FLÄCHE: 19,8 km² STRAND: 14 km BEWOHNER: ca. 2000 TOURISTEN PRO JAHR: ca. 180000 STRANDKÖRBE: ca. 1700 POLIZISTEN: 2 TIERE: 0 Schafe, 65 Kühe, ca. 100 Pferde BESONDERHEITEN: autofrei; eine der größten begehbaren Silbermöwenkolonien Deutschlands.

# Watt 'n dat? Ein Tandem

**Keine Steigungen, plattes Land: Der deutsche Nordseeküsten-Radweg wird oft unterschätzt. Genau wie das Tandemfahren. Ein GEO-Special-Team hat sich 600 Kilometer und zwölf Tage lang beiden Herausforderungen gleichzeitig gestellt**

FOTOS ¬ **HEIKE OLLERTZ** TEXT ¬ **KIRSTEN BERTRAND**

Wer ist hier eigentlich die Sehenswürdigkeit? Unterwegs treffen wir oft kilometerweit keinen Menschen. Dafür aber neugierige Schafe. Mal zwei, mal Hunderte

Z**WEI ERWACHSENE, EIN FAHRRAD«**, sage ich in Dagebüll zu dem bärtigen Mann hinter dem Ticketschalter. Er schaut mich an. Zögert. Als warte er darauf, dass ich mich korrigiere. Dann reicht er mir drei Fahrkarten für die Fähre nach Föhr und brummt: „Zwei Erwachsene, ein Fahrrad – muss wohl einer hinterherlaufen?" „Nein", sage ich. „Wir haben ein Tandem." Er: „Macht's denn Spaß?" Ich: „Keine Ahnung. Es ist der erste Tag."

Seit fast 15 Jahren verbringen mein Freund Jochen und ich jeden Sommerurlaub auf dem Fahrrad. Wir sind bereits kreuz und quer durch Deutschland gefahren, waren in England, Frankreich, den Beneluxländern. Nun soll es der deutsche Teil des Nordseeküsten-Radwegs sein, von Klanxbüll in Schleswig-Holstein mit Abstechern auf die Inseln Föhr und Pellworm bis nach Borkum. Knapp 600 Kilometer des längsten ausgeschilderten Radfernwegs der Welt wollen wir erkunden. Einer Route, die auf fast 6000 Kilometern sechs Länder durchquert: Großbritannien, die Niederlande, Deutschland, Dänemark, Schweden und Norwegen. Und um noch etwas Neues auszuprobieren, haben wir uns in einem Hamburger Spezialgeschäft ein Tandem geliehen. Acht Gänge, 21 Kilogramm. Ich, die Kleinere, werde als „Stoker", als „Heizer", wie man unter Tandemfahrern sagt, hinten sitzen; Jochen übernimmt als „Captain" den Lenker.

„Statistisch gesehen, werden wir nur halb so viele platte Reifen haben wie mit zwei Fahrrädern", hatte mein Freund schon Wochen vor der Reise geschwärmt. „Und unsere Kräfte werden sich addieren! Nie mehr muss ich auf dich warten, nie mehr musst du hinter mir herhetzen." Ich hatte versucht, nicht beleidigt zu klingen, als ich konterte: „Der Weg ist so flach, den könnte ich auch mit einem Dreirad schaffen!" Jochen darauf: „Unterschätze bloß nicht den Gegenwind! Auf einem Tandem sitzt der Heizer im Windschatten." Ich: „Stimmt. Aber ich werde zwei Wochen lang nur deinen Rücken sehen." Jochen: „Na und? Ich werde dich zwei Wochen lang gar nicht sehen."

**KLANXBÜLL, KM 1.** Auf den ersten Metern fühle ich mich, als hätte ich meinen Gleichgewichtssinn zu Hause vergessen. Wir schwanken, finden keinen Gleichtritt, und wenn Jochen hustet, vibriere ich bis in die Pedalspitzen. In jeder Kurve will ich unwillkürlich mitsteuern, obwohl mein Lenker, unbeweglich an der Sattelstange des Captains angeschraubt, wenig mehr als ein Haltegriff ist. Zum Glück begegnen uns kaum Autos; der Radweg führt hinter Viehzäunen an einem Deich entlang, der mit grauweißen Schafen betupft ist. An einer Gabelung wollen wir zum Meer abbiegen, doch die Fahrbahn ist blockiert. „Knöchelhoch Schafsmist", sagt Jochen. Beim Umdrehen unter- →

**FÖHR KM 45**

Guter Start in den Tag: Frühstück im Pesel, der guten Stube des Inselhotels Arfsten auf Föhr

**HAMBURGER HALLIG KM 75**

Genau richtig, um seine brennenden Waden zu entspannen: der gut drei Kilometer lange Strand vor Wyk auf Föhr

ROTER HAUBARG KM 140

Stürmische Fahrt auf die Hamburger Hallig (Mitte); entspannte Rast vor dem Roten Haubarg in Witzwort

schätzen wir unseren Wendekreis und kippen fast um. Ich schaffe es gerade noch abzuspringen und fühle mich schon seekrank, bevor wir das Rad auf die Fähre nach Föhr schieben.

**FÖHR, KM 45.** Hier duftet es nach wilden Rosen und reifen Birnen, die zwischen reetgedeckten Häusern von alten Bäumen plumpsen. Wir schwanken durch Wyk, mäandern durch rauschende Wälder. Ein Spaziergänger weiß meine radfahrerische Leistung nicht zu schätzen und ruft: „Die Frau hinten tritt überhaupt nicht!" Bei Oevenum stoppt uns eine Blaskapelle, hinter der zwei Dutzend Reiter auf ihren Pferden herklappern. „Trinken Sie eine Bowle mit, Sie sehen aus, als könnten Sie's vertragen!", sagt eine Frau und reicht uns einen Becher Limonade mit Cognac. Danach scheint unsere Fahrt tatsächlich ein wenig flüssiger zu werden.

Am nächsten Morgen frischt es auf. „Das gehört einfach zur Küste", meint die Besitzerin des Hotels, in dem wir übernachtet haben. „Der Wind pustet alle schlechten Gedanken aus Ihnen heraus." Demnach müssten wir diesen Tag als Heilige beschließen. Denn als wir, wieder auf dem Festland, über den vier Kilometer langen Damm zur Hamburger Hallig fahren, drücken uns die Böen fast zu Boden. Im ersten Gang kriechen wir an einigen Fußgängern mit längst ruinierten Frisuren vorbei, das Gekreisch der Möwen klingt hämisch. In der Hallig-Schenke bringt uns der Kellner Kakao, Krabbenbrot und schlechte Nachrichten: „Es könnte ‚Land unter' geben, der Wind presst mächtig Wasser an die Küste. Dann ist der Rückweg für ein paar Stunden abgeschnitten." Wir zahlen schnell. Draußen schlagen Regentropfen mit hartem Klacken auf unsere Helme. „Machen Sie sich nichts draus!", ruft uns der Kellner nach. „Hier im Naturschutzgebiet ist der Regen ökologisch wertvoll." Neben dem Radweg sehen wir zwei Schafe, die bereits knietief im Wasser stehen.

**PELLWORM, KM 90.** Als wir am Nachmittag von der Fähre rollen, tobt ein Regensturm. Es ist fast dunkel, Gischt sprüht über den Asphalt. „Los!", ruft Jochen. Ich frage mich kurz, ob Wasser aus allen Richtungen gleichzeitig kommen kann. Und weiß schon im nächsten Moment: Es kann. Der Seitenwind ist so stark, dass wir uns mit dem Tandem nach rechts lehnen müssen, um nicht weggeweht zu werden. Wäre ich allein unterwegs, ich führe schnurstracks auf die Fähre zurück. Als wir nach 20 Minuten im Hotel ankommen, sind wir nass bis in die Schuhe.

„Das bisschen Regen", sagt Hellmut Bahnsen, der am nächsten Tag extra für uns sein kleines Privatmuseum an der Westerschütting aufschließt. In einer alten Schrift hat der Hobby-Archäologe gelesen, dass es im Mittelalter auf Pellworm einmal 26 Wochen ununterbrochen geregnet hat. Bahnsen sammelt seit 1971 die Relikte versunkener Dörfer →

Zum Glück sind wir schon eingespielt: Am Strand von St. Peter-Ording führen schmale Holzstege ans Meer. In der nahen »Seekiste« werden Krabben noch von Hand gepult

**ST. PETER-ORDING KM 190**

im Watt: Tonscherben, Glasscheiben und Kacheln, zu Hunderttausenden hat er sie in einem Anbau neben seinem Haus ausgestellt. Ich zeige auf eine beschriftete Scherbe, die nach den Buchstaben „ACH GOT W" zerbrochen ist, und Bahnsen sagt mit ernstem Gesicht: „Das heißt: Ach Gott, wo ist der Rest geblieben?" Dann lacht er wie ein alter Pirat.

Wieder auf dem Festland, bemerken wir, dass der Wind gedreht hat. Gnädig drückt er uns nun mit warmer, weicher Riesenhand voran, zeitweise zeigt der Tachometer über 40 Stundenkilometer an. „Wir werden besser", sage ich zu Jochen. „Jetzt wackeln wir schon viel synchroner als zu Anfang." Im höchsten Gang pedalieren wir über die Halbinsel Eiderstedt, lassen den Westerhever Leuchtturm vorüberziehen und radeln vorbei an eigentümlichen Bauernhöfen: Haubarge („Heubergen"), denkmalgeschützte Gehöfte, die aus einem einzigen, fast quadratischen Gebäude bestehen. Über niedrigen Außenmauern wölbt sich ein umso gewaltigeres Dach, das von meterhohen Holzstämmen gestützt wird. Wenn eine Sturmflut die Mauern wegreißt, heißt es, bleibt wenigstens das Dach. Man wird wohl bescheiden, sagen wir uns, wenn man die See zum Nachbarn hat.

**ST. PETER-ORDING, KM 190.** Hier endet Eiderstedts Grün abrupt, der Strand schimmert so hell in der Sonne, dass wir für Sekunden geblendet sind. Auf einem schmalen hölzernen Steg fahren wir Richtung Meer und dann über den festen Sand, wo ein Kind mitten im Burgenbau innehält und „Mama, guck mal, ein Doppeldecker!" ruft. Abends sitzen wir in der „Seekiste", einem Strandrestaurant auf Holzstelzen, und genießen den Blick über das kilometerlange Weiß.

In Dithmarschen, Europas größtem zusammenhängenden Kohlanbaugebiet, reichen die Rot-, Weiß- und Spitzkohlfelder bis zum Horizont. Rohkostduft weht über das Land. Als Heizer geht es mir mittlerweile sehr gut; ich habe einfach beschlossen, dem Captain zu vertrauen. Auch wenn ich nie genau sehe, wohin Jochen steuert, verlasse ich mich darauf, dass wir nicht im nächsten Entwässerungsgraben enden. Tandemfahren, ahne ich nun, ist ein wenig wie Paartanzen: Einer führt, der andere folgt, aber beide müssen ihren Teil des Auftritts leisten. Ich spüre auch bereits eine Millisekunde zuvor, wann Jochen einen anderen Gang einlegen wird. Irgendwann überholen wir sogar ein Pärchen auf Rennrädern.

Ansonsten: keine Autos, keine Ampeln, kaum Menschen. Manchmal haben wir den Nordseeküsten-Radweg gar über Stunden für uns allein. Links lispelt leise das Schilf, rechts schmatzt das Watt, schwarz-weiße Schwalben fliegen kilometerweit auf Armeslänge neben uns her und mustern uns aus blanken Knopfaugen. Unter unseren Reifen knacken angespülte Federn und der Schulp von Tintenfischen. Es wäre der perfekte Radweg, lägen nicht ständig Schafe quer auf dem Asphalt. →

**EIDERSPERRWERK KM 210**

Absteigen und schieben – über die größte Sturmflutschutzanlage der deutschen Nordseeküste

**BÜSUM KM 230**

Schafe sind nicht nur Hindernisse auf dem Radweg. Jung schmecken sie auch gut

Der Leuchtturm auf Pellworm dient seit 1907 der Seefahrt. Uns half er, im Dunkeln das nahe gelegene Hotel zu finden

DANGAST **KM 395**

Am Jadebusen baute der norddeutsche Künstler Butjatha einen Thron ins Wattenmeer. Im Fischereihafen von Neuharlingersiel (rechts) können Möchtegern-Kapitäne auf Krabbenkuttern in See stechen

NEUHARLINGERSIEL **KM 460**

Im Gegensatz zu Radfahrern freuen sich Mühlenbetreiber über viel Wind aus jeglicher Richtung. Die Wedelfelder Mühle von 1844 funktioniert bis heute

DORNUM KM 485

Einst stolzer Häuptlingssitz, heute Schule: die Norderburg in Dornum (links). Bescheiden dagegen der Strandpavillon auf Borkum, der oft – sehr kleinen – Musikgruppen als Bühne dient

BORKUM KM 600

**BREMERHAVEN, KM 330.** Die Idylle zwischen Deich und Meer wird während unserer Tour nur einmal jäh unterbrochen: Am siebten Tag radeln wir durch das Hafengelände der 116 000-Einwohner-Stadt, vorbei an Industriehallen und Kränen und durch Alleen aus gestapelten Containern. Lastwagen rasen so dicht an uns vorbei, dass ihr Sog uns mitzieht. Die Luft riecht nach Rost. Mit einem metallischen Knacken bricht unter mir eine Speiche; mangels Ersatzteil beschließen wir, die Panne zu ignorieren. Es wird unsere einzige bleiben.

In den nächsten Tagen fahren wir den Jadebusen entlang, streifen dabei die Friesische Mühlenstraße mit ihren imposanten Windmühlen, die man eher in Holland vermutet hätte, staunen über das „Schwimmende Moor" bei Sehestedt: ein wildes Stück Naturschutzgebiet, das bei Sturmflut im Ganzen emporgehoben wird. Und in Dangast, der kleinen Künstlerstadt unweit von Varel, machen wir Rast. Zu Beginn des 20. Jahrhunderts lebten hier zeitweise Maler der Gruppe „Die Brücke"; der Künstler Franz Radziwill verbrachte an diesem Ort rund 60 Jahre. Im großen Saal des Kurhauses, das heute Café und Restaurant ist, hängen Aquarelle, Ölgemälde, Radierungen zeitgenössischer Künstler so dicht an den Wänden, dass man kaum noch die Tapete sehen kann. Eine Bekannte hat uns den Rhabarberkuchen des Cafés als „göttlich" beschrieben. Sie hat recht. Zum Glück dürfen Radfahrer besonders viel essen.

Hinter Dangast beschließen wir, den Nordseeküsten-Radweg Richtung Binnenland zu verlassen, auf dass uns der Küstenwind für ein paar Tage verschone! Wir queren winzige Ostfriesendörfer, rumpeln über Feldwege und kämpfen uns weiter Richtung Westen. Mittlerweile sind wir ein derart eingespieltes Team, dass es selbst Fremde bemerken. In Jever fragen wir eine Frau mit Hund nach dem Weg zu einem Hotel. „Ich könnte Sie über die großen Straßen schicken", sagt sie nach kurzer Überlegung. „Aber Sie sehen so harmonisch aus, ich lotse Sie lieber durch den kleinen Weg, den wir hier Kussgasse nennen." Ein paar Tage später, im Teehaus von Dornumersiel, bringt uns die Bedienung statt zwei kleiner Teekannen eine große an den Tisch. „Wer sich so gut ein Fahrrad teilen kann", sagt sie, „der kann sich auch den Tee teilen."

**BORKUM, KM 600.** Nach zwölf Tagen auf dem Tandem und zwei Ruhetagen auf der Insel steht die Rückfahrt nach Hamburg an – mit dem Zug. Ich habe, wie immer während der Tour, für „Zwei Erwachsene, ein Fahrrad" gelöst. Aber unser letzter Kontrolleur sieht es anders. „Sondergrößen kosten extra", behauptet er und lässt uns nachzahlen. Zu Unrecht. Am nächsten Tag, das Tandem ist abgegeben, bin ich wieder auf meinem normalen Fahrrad unterwegs. Aber irgendwie fehlt mir dabei mein Captain. →

BORKUM KM 600

KM 600

Autorin Kirsten Bertrand und ihr Captain Jochen Halfmann am Strand von Borkum statt auf dem Tandem. Auch ganz nett

INFO

▶ DER NORDSEEKÜSTEN-RADWEG

# Mit Muskelkraft voran

## In welche Richtung?

Der Radtourismus boomt: Nach einer Untersuchung des Allgemeinen Deutschen Fahrrad-Clubs planten im Jahr 2007 rund 2,2 Millionen Deutsche in den nächsten drei Jahren „ziemlich sicher" eine Radreise. Wer sich den gut 900 Kilometer langen **deutschen Teil des Nordseeküsten-Radwegs** vornimmt, sollte wissen: Der Wind an der Nordsee bläst überwiegend aus südwestlicher Richtung. Daher empfiehlt es sich, von Niedersachsen nach Schleswig-Holstein zu radeln. Nicht, wie in der Reportage beschrieben, andersherum. Wer die gesamte **North-Sea-Cycle-Route** – fast 6000 Kilometer – wagen will, findet Informationen (auf Englisch) unter *www.north-sea-cycle.com*.

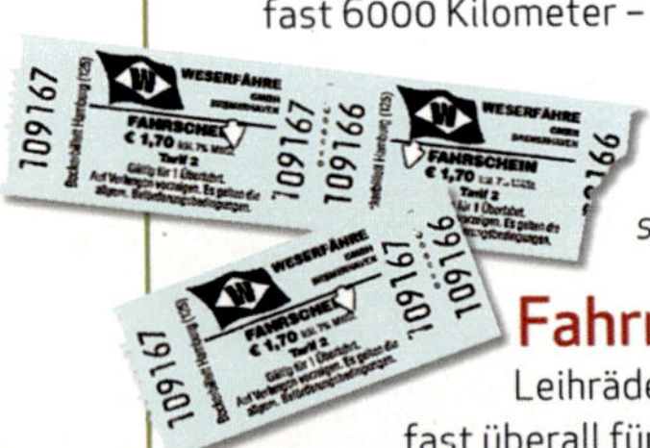


## Fahrräder

Leihräder bekommen Sie fast überall für wenige Euro am Tag. Ein Tandem-Spezialist in Hamburg ist **K & K Radsport + Reisen**, *Borsteler Chaussee 114, Tel. 040/51 20 36 96, www.kk-radsport.de*. Kosten: ab 30 € für einen Tag, ab 60 € fürs Wochenende (Sa – Mo). K & K bietet auch eine Fünf-Tages-Tandemreise von Hamburg nach Sylt an, für 764 € pro Team inkl. Übernachtung und Rückfahrt per Bahn.

## Übernachtung

Zwei Bücher aus der Reihe „bikeline" (Verlag Esterbauer) listen fahrradfreundliche Unterkünfte auf: **Bett & Bike Niedersachsen und Bremen,** 2007, 6,50 €; und **Bett & Bike Schleswig-Holstein**, 2006, 4,90 €. Wer ohne Reservierung fährt, sollte bedenken: Vielerorts gibt es vor allem Ferienwohnungen, die nicht für nur eine Nacht zu mieten sind.

Das Logo weist den Weg, Fähren bieten an einigen Stellen eine Abkürzung desselben

## Bücher und Karten

**LITERATUR:** Kompakte Routenbeschreibungen mit vielen Adressen liefert das Buch von **Wolfgang und Idhuna Barelds: Deutschland: Nordseeküstenradweg**, Stein, 2006, 12,90 €. Detaillierter sind die Tourenbücher von „bikeline" (Verlag Esterbauer): **Der Nordseeküsten-Radweg, Teil 2: Von der Ems nach Hamburg**, 2004, 12,90 €; und **Teil 3: Von Hamburg nach Sylt**, 2006, 11,90 €.
**KARTEN:** Empfehlenswert im Maßstab 1:75 000 ist die ADFC-Regionalkarte **Schleswig-Holsteinische Nordseeküste mit Inseln**, 2004, 6,80 €, sowie die Teile 1 bis 4 der **Offiziellen Radwanderkarten Niedersachsen** von LGN (Landesvermessung + Geobasisinformationen Niedersachsen) für je 7,90 €. Unter *www.geolife.de* können Sie viele der Touren auch online anschauen.

**BROSCHÜREN:** Kleinere Tourenvorschläge bereiten die Publikationen **Mit Rad und Tat an der Nordsee Schleswig-Holstein** und **Nordseeküsten-Radweg** mit Karten und Adressen von Verleihern auf. Kostenlos zu bestellen bei **Nordsee-Tourismus-Service GmbH**, *Tel. 01805/06 60 77, www.nordseetourismus.de.*

## An- und Abreise

Generell gilt: Die Fahrradmitnahme in Regionalzügen kostet 4,50 €, in IC und EC (nur mit Reservierung!) 9 €; keine Radmitnahme in ICE-Zügen. Auskunft und Ticket-Buchung unter der **Radfahrer-Hotline der Deutschen Bahn**: *01805/15 14 15*, für Gruppen ab sechs Personen: *01805/99 55 11*.

## Mehr im Internet

Welchen Haubarg können Sie besichtigen? Wo sollten Sie übernachten? Weitere **Tipps des GEO-Special-Teams** unter *www.geo-special.de/nordsee*. ■

Fotografin **Heike Ollertz** kaufte sich eigens ein neues Fahrrad, um sich dem Tandemteam zeitweise anzuschließen. Die Nordsee kennt sie gut: Kurz vor ihrer Tour hatte sie die schönsten Leuchttürme fotografiert. Autorin **Kirsten Bertrand** mag Kontraste: Ihre nächste Radreise führt sie in die Schweiz.

ANZEIGE

TUI Weltentdecker

# Reiselust 2008

Tauchen Sie ein: in ferne Länder, imposante Natur, spannende Metropolen und fremde Kulturen. Mit **TUI Weltentdecker** in 8 Katalogen um die Welt!

**Es ist früh am Morgen**, die Luft feucht und angenehm warm. Der Weg führt durch üppiges Grün, vorbei an Palmen, Würgefeigen und den meterhohen Wurzeln der Banyans, gewaltiger Maulbeergewächse. Und dann, ganz plötzlich, ist der Blick frei auf die gigantischen Bauwerke, die versteckt im Dschungel Kambodschas liegen: die Tempel von Angkor Wat.

**Der Weg nach Angkor? Immer dem Rüssel nach!**

Der Besuch der legendären Anlage ist nur eine von zahlreichen Empfehlungen, die das Expertenteam von Deutschlands größtem Reiseanbieter für Sie im Katalog TUI Weltentdecker Asien zusammengestellt hat. Insgesamt 51 Rundreisen zu Kultur- und Naturschätzen in ganz Asien stehen erlebnisfreudigen Individualisten zur Auswahl. Von Nordkorea bis Indonesien. Unvergessliche Abenteuer, bei denen Sie auf Komfort nicht verzichten müssen. Mit einer Deutsch sprechenden Reiseleitung reisen Sie in klimatisierten Bussen und übernachten in ausgewählten Mittelklasse-Hotels. Ihre Reise können Sie individuell zusammenstellen, auch mit einem Badeaufenthalt an einem der zahlreichen Traumstrände auf Bali, Sri Lanka oder in Thailand.

Natürlich lassen sich auch mit den anderen sieben Katalogen von TUI Weltentdecker Rundreisen, Tagesausflüge, Mietwagen und Kreuzfahrten flexibel miteinander kombinieren. Ob Sie nun nach Südafrika, Australien, in die USA oder die Südsee reisen möchten. Ganz neu bei TUI Weltentdecker: „Besondere Momente". Erleben Sie Moonlightyachting auf dem Bodensee, eine unvergessliche Konzertnacht mit André Rieu in Wien oder übernehmen Sie in der Luft selbst einmal das Steuer eines Helikopters. Ebenfalls neu ist der Katalog „Europas Osten", der Sie von der polnischen Ostsee bis weit hinter das Kaspische Meer und in klangvolle Städte wie St. Petersburg, Buchara oder Samarkand führt. Sie sehen, es gibt viel Neues zu entdecken. Wann brechen Sie auf?

**Asien**
Ein Kontinent auf 179 Seiten für Weltentdecker jeder Art: Genießer, junge Familien, Best-Ager, Naturliebhaber, Städtebummler, Sportler – TUI Weltentdeckerreisen sind individuell auf ihre Wünsche zugeschnitten. Ihr TUI Reisebüro berät sie gern.

## TUI Weltentdecker Kataloge

**1 | Afrika. Victoriafälle in Simbabwe, Expedition zu den Berggorillas in Kenia, Wohnen mit kolonialem Charme am Tafelberg in Südafrika – Reisen zu den aufregendsten Zielen des Kontinents**
**2 | Amerika. Skylines, Wildnis und Wildwest. 419 Seiten starkes Drehbuch für Ihr persönliches Roadmovie, inklusive Hawaii und Kanada**
**3 | Australien. Wie das Land, so das Angebot: riesig! 29 kombinierbare Rundreisen, 51 Kurztripps, 73 Tagestouren. Auch für Südsee und Neuseeland**
**4 | Besondere Momente. Romantik, Events, Abenteuer. Unvergessliche Erlebnisse, ob Kuschelwochenende im Landhotel, Besuch der Mailänder Scala oder Nerven kitzelnde Canyoning Tour**
**5 | Europas Osten. Metropolen, Transsibirische Eisenbahn, Kulturschätze der Seidenstraße. In zehn Ländern den Glanz vergangener Zeiten neu erleben**
**6 | Flüsse erleben. Donau, Wolga, Yangtze – mit dem Kreuzfahrtschiff unterwegs auf den schönsten Wasserwegen Europas, Russlands und Chinas**
**7 | Städte erleben. Palastführung in London? Tango tanzen in Helsinki? Oder doch lieber Papstaudienz in Rom? Hotels, Erlebnispakete, Tickets, individuelle Programme in faszinierenden Metropolen**

**Bezugsquelle:** *Die verschiedenen TUI Weltentdecker-Kataloge erhalten Sie kostenlos in Ihrem TUI Reisebüro*

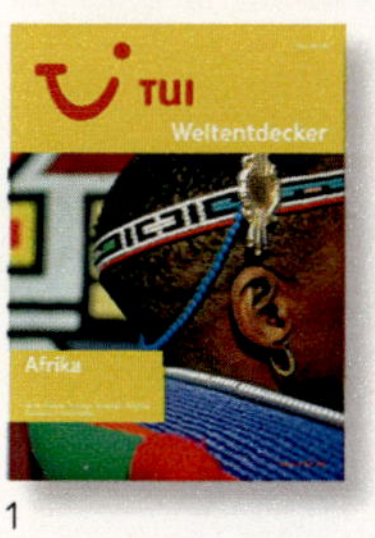


1

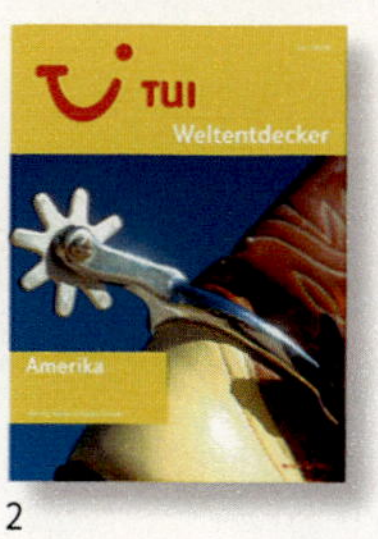


2

3

4

5

6

7

# ZWISCHEN LAND UND UNTER

15 Häuser, 23 Menschen – auf Hallig Oland, der ältesten in der Nordsee, spielt sich das Leben auf nur einem Quadratkilometer ab. Bei »Land unter« sogar auf noch weniger Fläche, wie unsere Reporter erfahren mussten

FOTOS ¬ TAMAS DESZO TEXT ¬ ANDREAS WENDEROTH

Bürgermeister Boy Peter Andresen und seine Frau Heinke auf dem Heimweg nach Oland. Vom Festland führt ein fünf Kilometer langer Lorendamm zur Hallig. 15 Minuten dauert die Fahrt

# h

INTERM LEUCHTTURM in Dagebüll holt Fiede Nissen die Post für die Hallig. Hier auf dem Festland, wo alles organisiert ist, was draußen im Wattenmeer nicht mehr wichtig erscheint, reißt Anne die Tür ihres Volvos auf und reicht Fiede die gelbe Plastikkiste für die Postleitzahl 25869 hinaus. „Naa", sagt Fiede, die Wollmütze tief ins Gesicht gezogen. „Joo", sagt Anne. Es ist kalt, die Zeit ist knapp, in einer Stunde kommt die Flut. Bis dahin muss Fiede auf der Hallig sein. „Tschüss", sagt er. „Joo", antwortet Anne.

Nissen lässt den Viertaktmotor seiner Lore an. Mit wasserblauen Augen blickt er auf das Gleis. Nach jeder Flut können dort Taue, Holzplanken oder Fischernetze liegen. Sie könnten Nissens Gefährt aus den Schienen werfen. Was aber in den 31 Jahren, die er jetzt schon die Post nach Oland bringt, nie geschehen ist. Der fünf Kilometer lange Lorendamm wurde 1924 erbaut. Er ist die Nabelschnur zum Festland. Wenn es mit dem Boot bei Niedrigwasser, bei Nebel oder ab Windstärke sechs nicht mehr geht, fährt immer noch die Lore. Fährt die Lore nicht, geht gar nichts mehr. „Das Leben auf der Hallig ist ein bisschen umständlich, aber man bekommt auch was dafür", sagt Nissen und weist auf die Wildenten, die am Himmel aufsteigen, die Lichtreflexe auf dem Wasser.

Dort, wo sich die Schienen im Meer zu verlieren scheinen, ganz hinten am marmorierten Horizont, baut sich aus dem Frühnebel nun der Schattenriss von Oland auf. Zwei Kilometer lang, 500 Meter breit, 15 Häuser auf einem meterhohen, künstlich angelegten Hügel, der Warft, die so eng beieinander stehen, dass kein Geheimnis lange hält. 23 Menschen, die sich ausnahmslos duzen, wohnen auf der ältesten bekannten Hallig, erstmals erwähnt vor genau 777 Jahren. Nur sechs der Oländer sind berufstätig, vier davon beim Küstenschutz. Vom Wetter gegerbte Gesichter und Seelen. Charakterköpfe. Weil die Fluten zwar die Steine rund spülen, den Menschen aber, wie es scheint, zusätzliche Kanten verleihen. Individualisten sind sie, skeptisch gegenüber Fremden, insbesondere Festländern, die ihre Hallig versehentlich als „Insel" bezeichnen. „Eine Hallig wird überflutet, eine Insel nicht", erklärt Nissen kurz. Wortkarg sind die meisten, aber ein gutes Gedächtnis haben sie. „So ein Halligmann ist nicht nachtragend, aber er vergisst nicht." Ein Menschenschlag, den man für reserviert halten könnte. Bis man es besser weiß. Aber eine Hallig ist kein Ort, an dem man die Dinge überhastet.

Das elektronische Barometer zeigt noch nach oben, doch das normale metallene, auf das er im Zweifel lieber vertraut, lässt anderes ahnen. „Es fällt", sagt Bürgermeister Boy Peter Andresen. Ein Orkantief steht der Hallig bevor. Im Juni hatten sie auf Oland das letzte Mal „Land unter", den ganzen Herbst →

# WO JEDER JEDEN KENNT, BLEIBT KEIN GEHEIMNIS LANGE BESTEHEN

1

2

3

4

1 Auf Oland drängen sich sämtliche Häuser auf nur einer Warft, auch Schule, Kirche und ein kleiner Leuchtturm. 2 Sonntags-Gottesdienst: Wenn Hochwasser droht, predigt der Pfarrer ein wenig schneller. 3 Prüfender Blick durchs eigene Wohnzimmerfenster: Andreas Petersen ist der einzige Oländer, der noch Friesisch spricht. 4 Leine mit Aussicht: Vor dem Haus von Familie Nommensen flattert die Wäsche

# Wer stets fürchtet, etwas zu versäumen, ist hier falsch

über war's ruhig, aber morgen, der Bürgermeister zieht die Augenbrauen hoch, ja, „da könnte es was geben“. Dass einer hier einen beschleunigten Puls bekommt, nur weil die Hallig überspült wird, nein, das passiert eigentlich nicht mehr. Jedenfalls seit die Warft 1985 noch einmal erhöht worden ist.

Natürlich hören sie um elf Uhr das Radioprogramm von NDR 1, wenn die Hochwasserstände durchgegeben werden. Und manche schauen auch ins Internet, aber es ist dem Bürgermeister unverständlich, wenn er von Leuten hört, die den ganzen Tag vor dem Computer sitzen. „Weiß nicht, was das bringt“, sagt Andresen. Er jedenfalls hat ein Telefon und ein Faxgerät, auf andere Spielereien kann er verzichten. Ruft man ihn an und bittet um einen Termin, teilt er mit, dass er nichts von Terminen halte und dass man sich kurzfristig melden solle. Dann werde man sehen.

Der Bürgermeister von Oland hat dichte Augenbrauen und graue Haare, die unter einer Schiebermütze hervorlugen. Er sagt: „Wenn eine Population zu klein wird, stirbt sie aus.“ Das sei das Problem von Oland. Die alten Halligleute gebe es kaum noch, und die Neuen seien von weit her. „Die verstehen uns nicht so.“ Lachen nicht über dieselben Dinge. „Die gucken einen an und wissen nicht, wie's gemeint ist.“ Kaufen Häuser und kommen nur am Wochenende. Wollen alles verändern, obwohl das meiste doch sowieso nicht zu ändern ist. Gewisse Dinge muss man akzeptieren, sagt der Bürgermeister. Zum Beispiel, dass man nicht wegkann, wann man möchte. Sondern nur dann, wenn die Natur es erlaubt. „Eine große Zufriedenheit mit dem Leben muss man schon haben“, sagt der Bürgermeister. „Wer hier jeden Tag denkt, er versäumt etwas, ist am falschen Ort.“

Sie haben das „Biikebrennen“, das große Winterfeuer Ende Februar, bei dem die Geister der kalten Jahreszeit vertrieben werden sollen. Das Grünkohlessen danach. Und zweimal im Jahr, wenn Fiede Nissen mit seiner Laienspielgruppe auf Tournee ist, einen Theaterabend mit plattdeutschen Einaktern. Dazu eine kleine Bücherei, die einmal in der Woche für eine Stunde geöffnet hat. Einige Ferienwohnungen für Touristen. Und wenn im einzig reetgedeckten Leuchtturm Europas eine Lampe defekt ist, klingelt bei Jürgen Nommensen im Wohnzimmer automatisch eine Glocke. Was ein Leuchtturmhilfswärter so machen muss? „Ja, da ist nicht viel zu erklären“, sagt Nommensen, der nicht gern viel erklärt.

Die „Flensburger“-Reklame in der Gastwirtschaft „Kiek in“ liegt im Dunkeln, weil die Wirtin auf unbestimmte Zeit im Krankenhaus bleiben muss. Kein Geschäft, kein Verein, nichts also hält davon ab, auf kürzestem Weg nach Hause zu gehen. Ein Leben ohne Zerstreuung auf der Straße, aber auch ohne die Zwänge, denen sich Festlandbewohner ausgesetzt sehen können. Statussymbole fehlen, Äußerlichkeiten spielen keine Rolle. Man hat sich einen toleranten Blick auf die Nachbarn angewöhnt, mit einigen ist man mehr oder weniger weitläufig verwandt, mit den anderen darf man es sich auch nicht verderben. Die Türen stehen offen. In fünf Minuten hat man jeden erreicht. „Hier wohnt niemand weiter als 100 Meter vom Friedhof entfernt“, heißt es in der Eigenwerbung von Oland.

Über der Eingangstür von Hilde Paulsens Haus prangt der stolze Friesenspruch aus der Zeit der dänischen Besatzung: „Lewwer duad üs Slaav“ – „Lieber tot als Sklave“. Die ganze Wohnung ist voller Federn, weil sie die Wildenten gerupft hat, die ihr Leuchtturmwärter Nommensen in der Frühe gebracht hat. In der oberen Etage des Hauses hängen Spinnweben an der Lampe. „Die Sommerwohnung“, erklärt Frau Paulsen. Im Winter hält sie sich nur unten auf, in jenem Zimmer, das als einziges im Haus nie verändert worden ist, weil ihr Mann, der Bootsbaumeister, es so liebte.

„Oland“, sagt Frau Paulsen, „war mein Leben.“ Sie sitzt, 84 Jahre alt, gewärmt von einem dicken Wollpullover auf dem Polstersofa in der Stube. Die hat holzgetäfelte Wände, einen begehbaren Schornstein, in dem früher Schinken geräuchert wurde, und eine Uhr in Form eines Steuerrades erinnert Frau Paulsen an die Zeit, als sie Seglerin war. Ein gusseiserner dänischer Ofen, eine winzige Veränderung nur, hat den alten Kachelofen ersetzt, der nach der Sturmflut 1976 nicht mehr heizen wollte. Über einen Meter hoch hat das Wasser damals im Wohnzimmer gestanden. „Brauchteste keine Blumen mehr gießen“, sagt Frau Paulsen. Und: „Sogar die Holzwürmer haben's überlebt.“

Aus dem Fenster hinaus blickt Hilde Paulsen auf den Fething, den kleinen Süsswasserteich, aus dem früher das Vieh getränkt wurde. Der Letzte, der noch Milchkühe hatte, war Frank Kühn, zwei Häuser weiter rechts, und auch der hat seine Tiere vor einigen Jahren abgegeben, weil sie sich nicht mehr rechneten. Die alte Dame greift nun zum Fernglas. Seit dem Morgen steigt das Wasser, erst unmerklich, dann schwappt es über die Steinkante des Sommerdeichs, flutet den Fußballplatz, die Gleise und das nutzlos gewordene Weideland.

Frau Paulsen hat nicht gut geschlafen. In der Nacht war der Sturm so laut, als wolle er die Häuser mit seinem Getöse wegfegen. Windstärke zwölf, Orkanböen. Aber natürlich haben die Häuser gehalten, reetgedeckt, aus roten Klinkern erbaut. Alle neueren Gebäude haben einen speziellen Schutzraum im →

1

Gesichter der Hallig: 1 Claudia Nommensen beherbergt in ihrem Haus Feriengäste und betreibt ein kleines Wellness-Studio. 2 Ida Kühn, 10, die Älteste von drei Schwestern, hegt einen großen Wunsch: Sie möchte ein Kaninchen. 3 Uwe Petersen, auf Oland geboren, zog als junger Mann aufs Festland, blieb aber nah an der Küste. Der Kapitän der »MS Rungholt« fährt Touristen auf die Halligen. 4 Jördis ist mit acht Jahren die Jüngste auf Oland. Ihre Mutter sagt: »Jördis ist sehr eigenständig. Sie will die Welt erobern.« 5 Hilde Paulsen, 84, hat fast ihr gesamtes Leben auf der Hallig verbracht. Als junge Frau liebte sie es, auf die Nordsee hinauszusegeln

2

3

4

5

Obergeschoss, der mit sechs Meter langen Stahlbetonpfeilern in die Warft hineinreicht und auch dann noch sicher sein soll, wenn alles andere doch einmal zusammenbrechen würde.

Gegen Mittag sind die Wiesen vollständig verschwunden, es ist, als ducke sich das Land unter dem steigenden Meer gänzlich weg. Von der Hallig sind jetzt nur noch die Häuser zu sehen, die wie Archen aus dem Wasser ragen. Die Sturmflut kriecht die Warften hinauf, steht bis zum ersten Metalltor, dichter Regen peitscht vom Himmel.

„Land unter" – das sind die Worte, die in Festlandbewohnern Mitleid erzeugen, wenn sie an die Menschen auf den Halligen denken. Doch für die ist es manchmal wie ein geschenkter Tag. Alles ist dann irgendwie in der Schwebe. Die Festlandverbindung ist für Stunden unterbrochen, die Post fällt aus, Termine werden irrelevant. Und die Ringelgänse steigen von den Wiesen auf die Warften.

1

AUCH VOR DEM SCHULFENSTER krümmen sich die Hagebuttensträucher im strammen Nordwind. Immer noch hat der Sturm nicht nachgelassen, aber „Land unter" ist kein Grund für die neue Lehrerin, den Unterricht ausfallen zu lassen. Angelika Arft kam im August 2007 nach Oland, hierher versetzt, weil es auf der Nachbarhallig Hooge nicht mehr genügend Schüler für eine zweite Lehrkraft gab. Sie stieg fast ohne Gepäck von der Lore, und am Ufer stand zu ihrer Überraschung ein kleines Begrüßungskomitee, das sie feierlich ins Lehrerhaus begleitete. Ein Haus, das sie immer noch als zu groß für sich allein empfindet. Ihren Hauptwohnsitz in Flensburg hat sie nicht aufgegeben. Manchmal läuft sie zu Fuß hinüber zum Festland, drei Stunden lang. Und sagt, dass sie dieses Leben in der Natur, der Gang übers Watt glücklich mache.

Schulalltag. Auf dem Fensterbrett des Klassenzimmers steht ein Globus, auf dem ein winziger roter Punkt die ungefähre Lage von Oland markiert. Ida liest in einem Schulbuch, das „Zauberlehrling" heißt, Ose brütet über ihrer Mathematikarbeit, und Jördis schreibt eine „R-Geschichte": „Eine Reiterin ritt durch ein Reisfeld. Da rutschte sie vom Pferd ..." Drei Klassen in einem Raum, Grund- und Hauptschule in einem Zimmer. Eine Lehrerin, die zugleich Direktorin ist. Drei Kinder einer einzigen Familie. Wären die Kühns nicht da, müsste die Schule von Oland schließen.

Nach rotem Tee und kleiner Pause spielt Ose auf der Gitarre den C-Dur-Akkord. Jördis und Ida versuchen sich auf →

2

## BEI LAND UNTER FREUEN SIE SICH ÜBER GESCHENKTE ZEIT

1 Ein winziges rotes Pünktchen nur: Jördis zeigt auf dem Schulglobus, wo ihre Heimat liegt. 2 Nicht nur zum Festland, auch zur Nachbarhallig Langeneß führt ein Lorendamm; bei Flut versinkt er im Meer. 3 Postbote Fiede Nissen bringt seit 31 Jahren Briefe in seiner selbst gebauten Lore nach Oland. 4 Wie in Bullerbü: Ida, Ose und Jördis, die einzigen Halligkinder, spielen am Haus eines Nachbarn

1 Vor dem Haus von Familie Kühn schaukeln rotwangige Äpfel; keine Selbstverständlichkeit, denn viele Bäume vertragen den salzigen Grund nicht. 2 Wattführerin Angelika Kühn zieht bei Ebbe hinaus, um mit einer Forke nach Wattwürmern zu suchen. Sie kam einst als Urlauberin – und verliebte sich in einen Mann von der Hallig

Bratsche und Violine. Sie können bislang weder das eine noch das andere, was aber nichts macht. Lehrerin Arft, der ein großes Orchester aller Halligen-Schüler vorschwebt, empfiehlt, zunächst nur einen einzigen Ton zu spielen. „Möglichst nicht sägen!“ Bei einem guten Streicher höre man den Bogen gar nicht. „Als wenn man den Ton irgendwo herauszieht.“ Und ein wenig später: „Seid ihr jetzt müde?“ „Ja“, sagt Ose, „jetzt dürfen Sie uns etwas vorspielen!“ Aber in diesem Moment knallt die Sicherung im Schulhaus durch.

Um 13.47 Uhr hält das Wasser inne. Und zieht sich dann langsam, ganz langsam zurück. Wie in einem rückwärtslaufenden Film tauchen nun die Zäune wieder auf, die Tore, der Fußballplatz, die Lorengleise, bedeckt mit angeschwemmten Schiffstauen. Am Abend setzt die Ebbe ein. Noch stürmt es, aber die ersten Wagemutigen sind bereits wieder mit ihren Loren auf den Gleisen. Und Gemeindeschwester Jutta Hinrichsen – eigentlich längst pensioniert, aber in Ermangelung einer geeigneten Nachfolgerin nun doch wieder im Dienst – bewegt sich schnellen Schrittes zum Haus gegenüber der Kirche, in dem Andreas Petersen, 69, dem Sturm vor dem Fernsehgerät trotzt.

Petersen ist, wenn man so will, die Seele von Oland, strahlt stets jene Laune aus, die jeder gern hätte, und ist bei allen beliebt, weil er hilfsbereit bis zur Selbstaufgabe ist. Und weil er nichts krummnehmen kann; die psychologische Ausstattung für Neid und Missgunst scheint in seinem Kopf einfach zu fehlen. Nur manchmal bringt Petersen halt einiges durcheinander. Auch seine Medikamente, was nicht im Sinne von Schwester Hinrichsen ist und sie anstrengt, obwohl sie Erfahrung mit so gut wie allem hat, von der Geburtshilfe bis zum Ausstellen von Totenscheinen.

Auf der anderen Seite ist Andreas Petersen der Einzige auf Oland, der noch Friesisch, die Sprache der Vorfahren, spricht. Bis zum Tode seiner Mutter vor einigen Jahren hat er mit ihr zusammengewohnt, seither wird er von den anderen mehr oder weniger reihum zum Essen eingeladen. Wie kaum ein anderer gehört er dazu.

„Auf dich mit Gebrüll“, sagt Schwester Hinrichsen, als sie Petersen die Blutdruck-Manschette überstreift. „Jaa“, sagt der Patient, unter seinem Schnurrbart strahlend, weil er sich freut über die Kurzweil, die mit dem Besuch der Schwester verbunden ist. Sie nimmt einen Tropfen Blut am Ohrläppchen, um die Zuckerwerte zu prüfen. „Was zu trinken?“, fragt Petersen. „Ja, aber ein gutes Glas“, antwortet die Schwester, um sicher zu gehen, dass es sauber ist. Sie weiß, dass Petersen gleich „Lass dir Zeit, Jutta!“ sagen, ihr vielleicht auch von einem neuen Leiden erzählen wird. Einfach weil er ihre Gesellschaft mag.

SONNTAGMORGEN, ZEHN UHR, Oländer Kirche. Ein Heizstrahler über der Tür, sieben zweiarmige Messingleuchter an den von langen Rissen durchzogenen Wänden. Von der rosa-hellblau bemalten Holzdecke baumelt das Modell eines Schiffes aus der Oländer Walfangzeit im 18. Jahrhundert, mit geblähten Segeln und allerhand Kanonenrohren. Darunter steht Matthias Krämer, Hallig-Pfarrer seit 14 Jahren, und liest im Psalm 63: „Gott, du bist mein Gott, den ich suche. Es dürstet meine Seele nach dir, mein ganzer Mensch verlangt nach dir, aus trockenem, dürren Land, wo kein Wasser ist.“ Natürlich kann Pfarrer Krämer das nur im übertragenen Sinne gemeint haben. Denn am Vortag, bei Sturmflut, hätte er nicht einmal von der Nachbarhallig Langeneß herfinden können, wo er wohnt. Auch im Normalfall ist der Gottesdienst, wie fast alles auf der Hallig, gezeitenabhängig. Wenn „Land unter“ droht, kann es vorkommen, dass die Gemeinde in Zeitnot nur die erste Strophe eines Kirchenliedes singt oder der Pfarrer seine Predigt ein bisschen schneller spricht. Wenigstens einmal haben die Oländer ihren Gottesdienst auch schon ganz ohne ihn gefeiert. Einer, der die Bibel einigermaßen kannte, hat sich nach vorn gestellt.

Später wird der Pfarrer von der „bescheidenen und tief verwurzelten Frömmigkeit“ der Oländer reden. Von 23 Halligbewohnern sind 16 zum Gottesdienst erschienen, das ist keine schlechte Quote. Er hat die Versammelten mit der doch eher weltlichen Anregung überrascht, aus Kostengründen den Stromanbieter zu wechseln: „Ich habe meine Kündigung schon geschrieben!“ Dann greift Pfarrer Krämer in die Orgeltasten, nicht ganz so notensicher wie seine Vorgängerin Käthe Petersen, die immerhin 74 Jahre auf diesem Stuhl saß, aber doch so, dass er die Lieder zu einem versöhnlichen Ende führt. Und so singen sie wie immer alles in Dur, weil die Oländer, als der Pfarrer in seinem ersten Winter mal nach Moll wechselte, aufgestanden waren und protestiert hatten: „Hör auf, wir brauchen was Fröhliches!“ Die Winter auf der Hallig sind hart genug.

Am Abend feiert Grete Lohmeyer, die Halligälteste, ihren 91. Geburtstag. Schon am Morgen hat Andreas Petersen ihr zu Ehren die Friesenflagge gehisst. Auf dem Tisch stehen Sanddornschnaps, Kuchen und Wurstschnittchen, Frau Arft, die Lehrerin, spielt auf der Geige ein paar Stücke. Grete Lohmeyer sitzt mit würdig-schönem Altersgesicht und schlohweißen Haaren an der Tafel und lächelt stumm in sich hinein. Es ist nicht sicher, dass sie noch ganz genau weiß, wer die Menschen an diesem Tisch sind, aber von früher hat sie alles parat.

Früher, als sie noch Butter geschlagen und Brot gebacken haben, das Süßwasser aus der Regenrinne nahmen, keinen →

LIEDER IN MOLL SINGEN DIE KIRCHGÄNGER HIER AUS PRINZIP NICHT

Strom hatten, mit Kuhfladenbriketts heizten und die Loren mit einem Segel fuhren. Als sie mit einer einfachen Angelschnur innerhalb einer Stunde 40 Pfund Schollen fangen konnten, die es hier nicht mehr gibt. Als noch getrunken wurde, bis man „dun" war, beduselt, und die Frauen am großen Tisch Krabben pulten. Als sie Stunden durchs Wattenmeer gehen konnten, weil die Beine sie ewig trugen, und die Zukunft so erwartungsvoll vor ihnen lag und größer schien als das, was schon war.

Dann kommt das Gespräch auf Petersen. „Erwin fehlt". „Ja, das kannste wohl sagen." Erwin Petersen ist im Sommer fortgezogen. Das kleine Haus neben der Schule steht nun leer. Petersen ist gegangen, weil er glaubte, seinem Kind ein anderes Leben bieten zu müssen. Ausgerechnet Petersen. Einer, dessen Verlust kaum zu verkraften ist. Der 60 Mutterschafe hatte. Erster Vorsitzender des Deich- und Sielverbandes, Wehrführer bei der Freiwilligen Feuerwehr. Alfred Sönnichsen hat diese Aufgaben übergangsweise und eher widerwillig übernommen, ein anderer hat sich nicht finden lassen. Zwar ist ja eigentlich auch nichts zu tun, es hat seit mindestens 30 Jahren nicht mehr gebrannt. Sollte es aber doch geschehen, müssten sie schnell sein. Die Häuser stehen dicht an dicht. „Erwin, der fehlt!"

In die Abendstimmung hinein ein Anruf vom Nachbarn: Die Loren sollen hoch! 1,50 Meter Wasserstand über normal. „Davon wird doch die Hallig nicht voll!", antwortet Hilde Paulsen, die die Aufregung nicht versteht. Lächerlich, Windstärke sieben soll es werden, ein Stürmchen allenfalls. Früher haben sie hier immer gespielt: „Wer zuerst die Lore hinaufholt, ist der Hasenfuß." Noch einen Sanddornschnaps und dann mit Taschenlampen hinaus in die sternenlose Nacht. Alle packen mit an. Hebeln die 13 Loren der Hallig aus den Gleisen, stellen sie auf die betonierte Auffahrt, wuchten sie hoch und sichern sie mit Balken hinter den Rädern, damit sie am Ende nicht doch wegschwimmen. Zurren alles fest, was wegfliegen könnte.

Die Geburtstagsfeier ist zu Ende. ■

Der ungarische Fotograf **Tamas Deszo**, 30, links, und Autor **Andreas Wenderoth**, 42, wurden vom „Land unter" auf der Hallig völlig überrascht. Zum Glück ließen sie sich von der Oländer Gelassenheit anstecken.

INFO

**▶ DIE HALLIGEN**

## Von kleinen Gemeinden und großer Natur

**SCHWIMMENDE TRÄUME** nannte der Dichter Theodor Storm die Halligen vor der nordfriesischen Küste. „De grote Mandränke" von 1362 soll ihre Geburtsstunde gewesen sein – eine schwere Sturmflut, die viel Land mit sich riss. Und die Gezeiten setzen das zerstörerische Werk bis heute fort: Von einst mehr als 100 Halligen sind im Umkreis von Pellworm nur zehn übrig, auf denen es bis zu 50-mal pro Jahr „Land unter" heißt.

**Vor der nordfriesischen Küste: die zehn Halligen (rot) rund um Pellworm**

**OLAND** ist der Schauplatz der Reportage. Information: **Tourismusbüro der Halligen Langeneß & Oland**, *Tel. 04684/217, info@langeness.de, www.langeness.de*. Auf die Hallig kommen Sie mit der Lore ab Dagebüll oder dem Ausflugsschiff ab Schlüttsiel.

**GRÖDE** besteht aus zwei Warften, der Kirch- und der Knutswarft, und gilt mit 17 Einwohnern als kleinste Gemeinde Deutschlands. Die Familien Gessing und Mommsen vermieten **Ferienwohnungen**, *www.groede.de*. Nach Gröde geht's mit dem Schiff ab Schlüttsiel.

**HABEL** ist die kleinste Hallig, mit gut drei Hektar Fläche – Tendenz abnehmend. Das einzige Haus wird vom Vogelwart des Vereins Jordsand bewohnt. Betreten verboten!

**HAMBURGER HALLIG** ist streng genommen keine Hallig, sondern Halbinsel. Seit 1859 durch einen Damm mit der Küste verbunden, erreicht man sie sogar per Auto. Drei Häuser, davon ein Restaurant: **Hallig-Krog**, *Tel. 04671/94 27 88, www.hallig-krog.de*.

**NORDSTRANDISCHMOOR** war einst 500 Hektar groß, ist nun 175 Hektar klein – und häufiger überflutet als andere Halligen. Information: *www.nordstrandischmoor.de*. Ein Lorendamm verbindet die Hallig mit dem Beltringharder Koog. Tagesbesucher kommen meist über den Meeresboden, zu Fuß bei Ebbe.

**SÜDFALL** ist 50 Hektar groß, gehört wie Habel, Süderoog und Norderoog zur besonders geschützten Zone 1 des Nationalparks Schleswig-Holsteinisches Wattenmeer. Es wird im Sommer von einem Ehepaar bewohnt und ist mit einem Führer in einer 5,5 Stunden langen **Wattwanderung** zu erreichen: *Tel. 04842/90 30 93*.

**SÜDEROOG** hat zwei Einwohner: Gudrun und Hermann Matthiesen (siehe auch Seite 84). Im Sommer kommen manchmal Gäste durchs Watt; einige, um hier zu heiraten. Führungen nur von Pellworm aus, etwa über die **Schutzstation Wattenmeer**, *Tel. 04844/760*.

**NORDEROOG** ist unbewohnt und gehört dem Verein Jordsand, der es 1909 für 12 000 Goldmark kaufte. Die 7,8 Hektar große Heimat von bis zu 50 000 Vögeln kann bei Führungen von Hooge aus besucht werden.

**HOOGE** wird die „Königin der Halligen" genannt: 574 Hektar, neun Warften, 120 Bewohner – und an Sommertagen bis zu 1000 Gäste per Schiff. Information: **Touristikbüro Hooge**, *Tel. 04849/91 00, www.hooge.de*.

**LANGENESS** ist die mit 956 Hektar größte Hallig – 18 Warften mit etwa 140 Bewohnern. Information: siehe Oland.

2

1 Recycling-Spezialist: Die **BREITWARZIGE FADENSCHNECKE** frisst vor allem Nesseltiere wie Seeanemonen. Sie speichert deren giftige Nesselzellen in ihrem Körper, um sich selbst damit gegen Feinde zu verteidigen. 2 Emanzipierte Fische: Bei den **KLEINEN SEENADELN** sind die Männchen für den Nachwuchs verantwortlich. 3 Der **ZERBRECHLICHE SCHLANGENSTERN**, ein Verwandter des Seesterns, bewegt sich mithilfe seiner fünf fragilen, stachelbewehrten Arme voran. 4 Mit fünf ständig nachwachsenden Zähnchen raspelt der **STRANDSEEIGEL** Algen von Steinen in der Brandungszone

3

4

# Panoptikum der Dünnhäutigen und Hartleibigen

1

2

**1** Der **BUTTERFISCH** überdauert die Ebbe häufig in Felsnischen zwischen Algen und kann sich gar über trockene Flächen schlängeln. **2** Die großen Augen lassen es erahnen: Der **GEMEINE TINTENFISCH** besitzt einen hoch entwickelten Sehsinn, der ihm vor allem bei der Jagd auf Krebstiere hilft. **3** Der **MEERSALAT** kann bis zu einem Quadratmeter groß werden und ist auch für Menschen genießbar. **4** **MIESMUSCHELN** bilden oft Kolonien. Dabei heften sie sich mit klebrigen Eiweißfäden – sogenannten Byssusfäden – fest

3

4

**E**S IST KURZ VOR ACHT UHR AM MORGEN, als Heinz-Dieter Franke am Forschungsschiff „Uthörn“ eintrifft. Mit Wannen und Eimern bepackt, geht er im Hafen von Helgoland an Bord. Franke, Professor für Meeresbiologie, fährt zum Fischen. Aus rein wissenschaftlichen Gründen allerdings, denn er arbeitet in der Außenstelle des Alfred-Wegener-Instituts für Polar- und Meeresforschung (kurz AWI). An diesem Tag will er mit der „Uthörn“ hinaus zur Tiefen Rinne, einer Furche von fast 50 Meter Tiefe, die auf dem Grund der ansonsten eher flachen Deutschen Bucht klafft. Sie liegt rund drei Kilometer südlich von Helgoland und zählt zu den am besten erforschten Biotopen in der Nordsee: Hier können die Wissenschaftler quasi täglich verfolgen, wie sich die Tierwelt der Umgebung verändert.

Franke setzt die Seilwinde der „Uthörn“ in Bewegung, und eine Ladung glitschigen Meereseintopfs landet auf Deck. Aus der Baumkurre, einem speziellen Fangnetz, das auf Kufen über den Meeresboden gezogen wird, fallen Krebse, Krabben und Plattfische in die bereitgestellten Wannen. Ein Haufen aus sich windenden und zappelnden Leibern, den Franke und seine Kollegen mit hochgekrempelten Ärmeln durchwühlen. „Die Halunken kommen in den weißen Behälter“, ruft Michael Janke, einer von Frankes Mitarbeitern, und fischt gekonnt sämtliche Schwimmkrabben aus dem Gewimmel. Einem ungeübten Sortierer würde schnell klar, warum die kleinen Krabben ihren Spitznamen tragen: Ein falscher Griff, und die scharfen Scheren der Tiere graben sich tief in die Finger.

„Wir suchen die Schwimmkrabbenart *Liocarcinus vernalis*, die sich vom Ärmelkanal immer weiter in die Nordsee ausbreitet“, erklärt Franke den Sinn der mitunter schmerzlichen Sortierprozedur. Der Bestand dieser Spezies soll frühzeitig gezählt werden, um ihre Einbürgerung von Anfang an studieren zu können. „Doch dazu müssen wir sie eindeutig identifizieren.“ Äußerlich sind die Neulinge nicht von alteingesessenen Schwimmkrabben zu unterscheiden. Daher werden sämtliche „Halunken“ nach dem Aussortieren zunächst eingefroren und später im Labor bestimmt.

**IN DEN VERGANGENEN 20 JAHREN** haben Biologen in der Deutschen Bucht rund 70 neue Tierarten entdeckt, die sich hier dauerhaft angesiedelt haben. Das entspricht ungefähr einem Zehntel aller Neuankömmlinge in der Nordsee überhaupt. Der Rest der Exoten, vor allem diejenigen, die aus völlig anderen Klimazonen kommen, schaffen die endgültige Einbürgerung nicht. Die meisten der kleineren Immigranten gelangen ohnehin nicht aus eigener Kraft in ihre neue Umgebung, sondern mit dem Ballastwasser großer Frachtschiffe, das diesen zur Stabilisierung bei Leerfahrten in die Tanks gepumpt wird. Mit diesem Wasser eingesaugt und an fernen Orten wieder ins Meer gelassen, reisen schätzungsweise mindestens 7000 Tierarten unfreiwillig durch die Weltmeere. Und durch die Nordsee führen einige der am stärksten frequentierten Schiffsrouten der Welt.

Die Ausbreitung neuer Arten ist nur eines der vielen Rätsel, das die Nordsee den Wissenschaftlern aufgibt. Das an sieben Staaten grenzende, rund 570 000 Quadratkilometer große und nicht sehr tiefe Schelfmeer ist ein Kosmos für sich. Auf den ersten Blick eine gleichförmige, öde Wasser- und Wattwüste. Bei genauerer Betrachtung aber ein pulsierender Lebensraum, der sich mit seinen durch Ebbe und Flut geprägten Gezeitenzonen stets wandelt. Seine Bewohner haben sich diesem Rhythmus angepasst und sind nicht selten von eigentümlicher Schönheit: bizarre Gestalten mit dicken Schnorcheln, gefährlichen Stiletten und schleimigen Lassos finden sich unter ihnen, die der Fantasie eines Science-Fiction-Autors entstammen könnten. Grüne Seeringelwürmer, deren Männchen bei der Fortpflanzung wilde Tänze aufführen. Einsiedlerkrebse, die sich leere Schneckengehäuse wie Rüstungen überstülpen. Millionen von Vögeln, die hier vielfältige Nahrung finden.

Gleichzeitig ist die Nordsee allerdings auch ein boomender Wirtschaftsraum, auf den Fischer, Reeder, Energieversorger und nicht zuletzt Touristen Ansprüche erheben. Und sie dient Industrie und Landwirtschaft als Deponie für Schadstoffe. Aber es sind längst nicht mehr in erster Linie die Verschmutzungen, die dem flachen Meer zu schaffen machen. In den vergangenen Jahren ist die Nordsee durch zahlreiche Umweltschutzauflagen deutlich sauberer geworden.

**HEUTE GILT DIE GRÖSSTE SORGE DER WISSENSCHAFT** zwei neuen Problemen: der zunehmenden Erwärmung des Meereswassers und der „biologischen Globalisierung“, also den fremden Arten, die unabsichtlich eingeschleppt oder bewusst angesiedelt werden. „Beide Faktoren verändern die Nordsee dramatisch“, sagt AWI-Meeresbiologe Karsten Reise, der die schleichenden Veränderungen seit mehr als 30 Jahren von der Wattenmeerstation Sylt aus beobachtet. Dabei sei es nicht immer leicht, echte Trends von kurzfristigen Schwankungen zu unterscheiden.

Einen eindeutigen Trend zeigen immerhin die seit 1962 regelmäßig fortgeführten Messreihen des AWI Helgoland. Danach hat sich die Wassertemperatur in der Deutschen Bucht vor Helgoland in den vergangenen 40 Jahren im Mittel um 1,3 Grad Celsius erhöht – besonders stark seit rund 15 Jahren und vor allem in den Wintermonaten: In der Nordsee herrschen nun mitunter eher Bedingungen wie im Süden an der milden europäischen Atlantikküste.

Die Ursache dafür liegt in der Atmosphäre. Durch die Klimaerwärmung hat sich der Luftdruckunterschied zwischen Azorenhochs und Islandtiefs – den Steuerungsgrößen der Nordatlantischen Zirkulation – verstärkt. Wärmeres und salzhaltigeres Wasser strömt aus dem Atlantik in die Nordsee. Vor allem in Kombination mit starken Südwest-Stürmen wird das warme Oberflächenwasser aus der Biskaya und dem Englischen Kanal regelrecht in die südliche Nordsee gepresst. Und mit ihm kommen jede Menge Immigranten, die sich besonders gern in der relativ flachen Deutschen Bucht anzusiedeln scheinen. Der Rote Knurrhahn zum Beispiel, ein Fisch, den Wissenschaftler mittlerweile in rund 70 Prozent ihrer Fänge finden. Dazu Wolfsbarsche aus der Bretagne, Meeräschen aus Spanien, →

1

2

1 Der bis zu 20 Zentimeter lange **STEINPICKER** fällt durch seinen breiten, gepanzerten Kopf auf. Sein Hauptlaichgebiet in der Nordsee liegt in den Felsgründen von Helgoland. 2 Seinen Hinterleib birgt der **EINSIEDLERKREBS** im verlassenen Gehäuse einer Wellhornschnecke, auf deren Schale winzige Polypen siedeln. 3 Jeder **EUROPÄISCHE HUMMER** lebt in einer eigenen Felshöhle, die er dank seines guten Orientierungssinns immer wiederfindet. 4 Der **LANGFÄDIGE RÖHRENTANG**, eine Rotalge, wächst noch in 20 Meter Tiefe auf Steinen und Muscheln

3

4

Mandarin-Leierfische, Sardinen, Sardellen – und vor allem die rosafarbenen Streifenbarben.

Ein weiterer Globetrotter ist die Amerikanische Pantoffelschnecke *Crepidula fornicata*, benannt nach ihrer Schale, die von unten wie ein Hausschuh aussieht. Sie stammt von der Ostküste Nordamerikas; vermutlich reiste sie vor gut 70 Jahren auf den Schalen aus Holland eingeführter Austern nach Sylt, blieb jedoch bis vor etwa zehn Jahren eher unauffällig. Denn ihr Bestand wurde durch die harten Winter regelmäßig dezimiert. Seit dem bisher letzten strengen Winter 1995/1996 jedoch blüht der Fremdling regelrecht auf, stellenweise nahm sein Bestand um mehr als das Achtfache zu. Bis zu 1500 Tiere findet man pro Quadratmeter – und zwar bevorzugt auf Miesmuschelbänken. Was die Muscheln zunehmend verdrängt.

Auch die Pazifische Auster *Crassostrea gigas* macht den Miesmuscheln das Terrain streitig. Sie allerdings wurde nicht versehentlich eingeschleppt, sondern 1986 auf Sylt ganz bewusst eingeführt – als Ersatz für die dort ausgestorbene Europäische Auster *Ostrea edulis*. Die Züchter gingen davon aus, dass sich die Exoten nicht über die Farmen hinaus ausbreiten würden, da ihnen das Wasser zu kalt sei. Eine Fehleinschätzung, denn winzige Schwimmlarven fanden den Weg in die offene See. Unter den steigenden Temperaturen gedieh die wärmeliebende Art prächtig. Inzwischen sind viele Miesmuschelbänke im ost- und nordfriesischen Wattenmeer überwuchert. Sylt ist besonders betroffen. Von ehemals 20 Miesmuschelbänken blieb nur eine einzige, alle anderen sind bereits von der Pazifischen Auster besetzt.

Das wiederum hat Auswirkungen auf Strandkrabben, Seesterne und Meeresvögel, die Miesmuscheln als Nahrung schätzen. Besonders betroffen sind Vögel wie Strandläufer und Eiderenten, deren Anzahl signifikant abnimmt. Theoretisch könnten sie sich zwar auch von den Pazifischen Austern ernähren, doch scheitern sie meist an deren rasiermesserscharfen Schalen. Einige Austernfischer jedoch haben mittlerweile eine Strategie entwickelt, die neue Nahrungsquelle zu nutzen: Mit gezieltem Schnabelhieb durchtrennen sie den Verschlussmuskel der Auster – und kommen so zum Ziel.

**GANZ IM GEGENSATZ** zu den erfolgreichen Einwanderern verschwinden bekannte heimische Tiere zusehends aus ihrem bisherigen Lebensraum. So sind möglicherweise die Helgoländer Hummer Opfer der Meereserwärmung geworden. Über Jahrhunderte war der bis zu 40 Zentimeter lange Edelkrebs eine wichtige Einnahmequelle der Insel; Mitte der 1920er Jahre fingen die Helgoländer rund 20 000 Hummer pro Jahr. Dann, vor etwa 50 Jahren, brach die Population aus bislang unerklärlichen Gründen zusammen. Sie hat sich nie wieder ganz erholt. Heute landen jährlich nicht einmal mehr 300 Tiere in den Körben der Fischer. Franke spekuliert, dass die Larven der Hummer wegen der steigenden Wassertemperatur statt im Juni oder Juli nun schon im Mai schlüpfen – zu einer Zeit, in der sie noch nicht genügend Nahrung finden.

Seit acht Jahren helfen die Wissenschaftler des AWI, den Bestand wieder aufzupäppeln: Rund 1200 kleine Hummer vollenden in einem Labor auf Helgoland ihr erstes Lebensjahr, bevor die Forscher sie für den Wiederfang markieren und in die Nordsee entlassen. „Wir überbrücken hier das Larvenstadium, das die weitaus meisten Hummer im offenen Meer nicht überleben“, sagt Professor Franke, der mitunter selbst Kindergärtner spielt und die Tiere füttert. Zu erwarten wäre eigentlich, dass die ausgesetzten Minikrebse in den Aushöhlungen der Sandsteinfelsen eine Heimat finden. Doch sie tun sich merkwürdig schwer damit.

**EINDEUTIGER VERLIERER** in der wärmer werdenden Nordsee ist der Kabeljau – oder Dorsch, wie er in der Ostsee und um Helgoland herum heißt. Um sich erfolgreich fortpflanzen zu können, benötigt der Fisch Wassertemperaturen von unter fünf Grad Celsius, eine Temperatur, die in den milden Wintern der vergangenen 20 Jahre meist nicht mehr erreicht worden ist. So bleibt den Kabeljau-Populationen nur die Flucht in kältere Regionen. Über Jahrzehnte, bis Mitte der 1990er Jahre, wurden außerdem jährlich mindestens 100 000 Tonnen Dorsch in der Nordsee gefangen. Mittlerweile erlaubt die Fangquote nur noch rund 20 000 Tonnen pro Jahr.

Wie aber könnte die Nordsee der Zukunft aussehen, wenn ihre typischen Bewohner verschwunden sind? Was etwa wäre ein Watt ohne Wattwurm? Nils Volkenborn von der Wattenmeerstation Sylt hat diesen Fall simuliert. Auf 2400 Quadratmeter Watt hat der Wissenschaftler vom Alfred-Wegener-Institut den Wurm durch Gitternetzmatten, die er in den Boden eingegraben hat, dauerhaft vertrieben. Erste Ergebnisse: „Der Boden wird schlickiger, es kommt zu Mikroalgenblüten an der Oberfläche, die Bodenfauna verändert sich.“ Anstelle des Wattwurms hat sich der bei Seevögeln beliebte Schillernde Seeringelwurm ausgebreitet. Für ein Fazit jedoch ist es noch zu früh; die Forschungen werden bis ins Jahr 2010 fortgesetzt.

## Neue Tierarten reisen oft an Bord von Schiffen ein

So abwegig Versuche wie jener mit dem wurmfreien Watt zunächst erscheinen, so sehr korrespondieren sie bereits mit der Realität, wie die Biologin Linda Armbrecht herausfand. Im Westfeuerwatt bei List auf Sylt untersuchte sie, wie sich das infolge der Klimaerwärmung schnell wachsende Salzwiesengras *Spartina anglica* auf den Wattboden auswirkt. Ihre Ergebnisse besagen, dass sich der Grund durch den Spartina-Bewuchs erhöht und dadurch bei Niedrigwasser schneller trockenfällt. Eine Folge: Der auf Feuchtigkeit angewiesene Wattwurm wird dort zunehmend verdrängt.

Steigende Temperaturen begünstigen aber nicht nur die Ausbreitung wärmeliebender Pflanzen und Tiere, sie wirbeln auch die Jahreszeiten im Meer regelrecht durcheinander. So haben etwa manche Planktonalgen-Arten einen neuen Zyklus entwickelt und wachsen zu früh oder zu spät im Jahr. Damit →

# Saugstark, giftig und schwer zu entdecken

1

fehlt den Kleinkrebsen das wichtigste Futter, jenen winzigen Organismen, die nicht nur in der Nordsee eine Schlüsselposition in der Nahrungskette einnehmen. Ohne diese Krebse finden etliche Fische und Vögel nicht genug zu fressen: Das ganze Gefüge aus Fressen und Gefressenwerden verschiebt sich. Zwar stünden mit neu eingeschleppten Algenarten Alternativen zur Verfügung, wie zum Beispiel die asiatische Kieselalge *Coscinodiscus wailesii*, die sich rasant ausbreitet. Doch *Coscinodiscus* ist für Krebse und anderes Kleingetier keine Alternative; sie fressen das fremde pflanzliche Plankton schlicht nicht gern. Steht also ein gewaltiger Artenschwund bevor?

1 Der **SEEHASE** trägt eine Haftscheibe unter seinem Bauch. Hat er sich damit an einem Stein festgesaugt, ist der 50 Zentimeter lange Fisch kaum mehr abzulösen. 2 **MEERASSELN** sind enfernt mit den Kellerasseln verwandt und passen ihre Körperfarbe jeweils der Algenart an, auf der sie siedeln. 3 a–c Die **BRAUNE SEEDAHLIE** zieht bei Gefahr ihre Fangarme ein. Zur Jagd stülpt sie diese wieder aus. Nesselzellen in den Tentakeln betäuben die Beute, etwa Krabben oder Schnecken

**ES GEBE IMMER GEWINNER UND VERLIERER**, beruhigt Heinz-Dieter Franke. Noch stimme zumindest die Bilanz. So hätten Langzeitstudien auf Helgoland ergeben, dass zwischen 1984 und 2003 tatsächlich gut ein Drittel aller Arten der Makrofauna, also der größeren Organismen, verschwunden seien; allerdings waren dies eher seltene Spezies. Aber ebenso viele neue hätten sich eingefunden. „Die Artenzahl hat sich also nicht wesentlich verändert. Nur die Zusammensetzung.“ Diese allerdings gleicht sich infolge der biologischen Globalisierung weltweit immer mehr an. „Wir werden irgendwann vor Neuseeland, Japan oder Kalifornien die gleichen Arten haben wie hier und umgekehrt“, prognostiziert Franke. Und verweist darauf, dass in der Bucht von San Francisco auch heutzutage schon Arten schwimmen, die früher nur in der Nordsee ansässig waren: Multikulti in allen Meeren.

Dem Ökosystem Nordsee selbst, glaubt Frankes Kollege Karsten Reise, könnten die Neubürger sogar mehr Stabilität verleihen. Er vermutet, dass sich die Artenzahl langfristig eher erhöhen dürfte. Im Vergleich mit anderen Meeren habe die relativ junge Nordsee „noch jede Menge Nischen frei“. Die meisten neuen Tiere und Pflanzen schafften sich Platz, ohne dass heimische Arten gleich ausstürben. „Die Kehrseite ist, dass solche Wandlungen irreversibel sind und die Lebensgemeinschaft der Nordsee nie wieder so werden kann, wie sie einmal war“, sagt Reise mit einem Hauch von Wehmut. Und verweist auf Europäische Austern, Störe, Thunfische, Pelikane, Flamingos und bis zu 13 Meter lange Grauwale. „Diese Arten vermisse ich sehr. Sie gehören einfach hierher.“

Auf Helgoland scheinen immerhin zwei Tierarten deutlich vom Wandel der Nordsee zu profitieren: Die Zahl der Basstölpel, die seit 1991 im roten Sandsteinkliff brüten, nimmt von Jahr zu Jahr zu. Und auf der Helgoländer Düne, jenem Eiland im Osten der Insel, bringen immer mehr Kegelrobben ihre Jungen zur Welt. Dort verzeichneten Naturschützer im Winter 2007/2008 einen neuen Geburtenrekord: Es gab 55 Babys; im Vorjahr waren es 32. Und da weibliche Kegelrobben zum Gebären meist den Ort ihrer eigenen Geburt aufsuchen, besteht Anlass zum Optimismus. ■

2

3 a

3 b

3 c

# Ein Kubikmeter Watt

Sie gehören zu den reichsten und produktivsten Ökosystemen der Erde: die Nordseewatten. Bis zu 100 000 Tiere, die mit bloßem Auge zu sehen sind, leben auf einer Fläche von ein mal einem Meter

ILLUSTRATION ¬ JOCHEN STUHRMANN TEXT ¬ LENNART PYRITZ

Die Tiere im Gezeitenstrom müssen mit Trockenheit (links das Watt bei Ebbe) und Überflutung (rechts) gleichermaßen leben

**1.** Bis zu 40 000 **SCHLICKKREBSE** teilen sich einen Quadratmeter Morast.
**2.** Der **SEERINGELWURM** besteht aus über 100 borstigen Segmenten.
**3.** Im Frühjahr legen **KOTPILLENWÜRMER** ihren Laich auf dem Schlick ab.
**4.** Vom **WATTWURM** sieht man bei Ebbe meist nur Kothaufen.
**5.** Bei Gefahr rettet sich die **SCHWERTMUSCHEL** mithilfe ihres Grabfußes blitzschnell in die Tiefe.
**6.** Die **HERZMUSCHEL** ist bei Ebbe geschlossen (6a) und öffnet sich bei Flut (6b), um Plankton aus dem Wasser zu filtern.
**7.** Der **KÖCHERWURM** baut seine Wohnröhre aus verkitteten Sandkörnern.
**8.** Die **SANDKLAFFMUSCHEL** versorgt sich über eine fingerdicke Röhre, den Sipho, mit Atemwasser und Nahrung.
**9.** Der **BÄUMCHENRÖHRENWURM** errichtet über seiner Röhre Fädchen aus Sand und Kalksplittern.
**10.** Die **PFEFFERMUSCHEL** schiebt zum Atmen und Fressen zwei Schläuche an die Oberfläche.
**11.** **STRANDSCHNECKEN** können mit einem Deckel ihr Gehäuse verschließen und so tagelang im Trockenen überleben.
**12.** Eine Eikapsel der **WELLHORNSCHNECKE** enthält mehr als 1000 Eier.
**13.** **WATTSCHNECKEN** werden nur rund fünf Millimeter groß.
**14.** Junge **SCHOLLEN** wachsen in flachen Küstengewässern heran.
**15.** Die **MIESMUSCHEL** lebt als einzige heimische Muschelart auf der Oberfläche, nicht darunter.
**16.** Tagsüber verbirgt sich die **NORDSEEGARNELE** im Schlick, nachts jagt sie Würmer und Schnecken.
**17.** **EINSIEDLERKREBSE** finden Wohnraum in leeren Schneckenhäusern.

# Am Strand der DRACHEN

**Die größte sportliche Herausforderung in St. Peter-Ording ist ein Dreirad, das noch dazu gezogen wird: der Kitebuggy. Innerhalb von zwei Tagen lässt sich angeblich lernen, ein solches Gefährt zu beherrschen. GEO-Special-Autor Andreas Lesti hat es versucht**

FOTOS ¬ **WALTER SCHMITZ**

UND DANN IST DA dieser wunderbare Moment am Vormittag des zweiten Tages, als der Wind durch die Kleider pfeift, der Sand unter den Rädern knirscht und die Sonne in den Augen brennt: dieser magische Augenblick, als sich plötzlich das Erlernte zusammenfügt, als es Klick macht im Kopf und ich weiß, warum der Schirm straff am Himmel steht, es noch einmal klickt und der Kitebuggy anrollt; als zum ersten Mal alle Kräfte in die richtige Richtung wirken, der Buggy beschleunigt, über den Strand von St. Peter-Ording saust – und der Spaß beginnt.

Ich bin zu einem Kurs angetreten. Möchte lernen, eines dieser merkwürdigen Dreiräder mit den großen Gummireifen über den Strand zu steuern, mithilfe eines Lenkdrachens, des Kites, den man so in den Wind stellt, dass er Buggy und Fahrer beschleunigt – im Idealfall in die gleiche Richtung. Gesteuert wird mit den Füßen. Eine Bremse gibt es nicht.

Das müssen wir gleich zu Beginn des Kurses erfahren, als wir uns auf dem anderthalb Kilometer breiten Sandstreifen vor St. Peter-Ording treffen: acht Anfänger, allesamt Männer. Von hier aus erstreckt sich das Buggygelände nach Süden, ordentlich abgegrenzt von dem Strandkorb-, Surfer- und Strandmuschelgelände. Wir bilden einen Halbkreis um Horst Nebbe, „Hossi" genannt, der barfuß im Sand steht, seine Sonnenbrille auf die Nase rückt und über unsere Zweifel hinweg behauptet: „Schon morgen seid ihr Kitebuggy-Fahrer."

Über die Weite des Strandes ziehen einige Drachen dahin, rote, grüne und gelbe Farbtupfer vor einem blauen Stück Himmel; unter ihnen rauschen die Buggys über den Sand. Sie gleiten mit einer solchen Ästhetik dahin, dass wir am liebsten gleich aufspringen würden. Für uns aber gilt es zunächst, den Schirm ganz ohne Buggy zu beherrschen. Mein Drachen liegt wie leblos im Sand, nur der Wind raschelt leise durch das Kunststoffgewebe. Als wir uns gerade an den ersten Flugversuch wagen wollen, zieht lautlos ein Kitebuggy-Fahrer wenige Meter entfernt vorbei. Sein Schirm, fast so groß wie unsere acht Anfänger-Drachen zusammen, gleitet derart knapp über dem Strand entlang, dass wir mit offenen Mündern hinter ihm herblicken. Ein paar Möwen kreischen, dann unterbricht Hossi das Schweigen, indem er wiederholt: „Morgen könnt ihr das auch."

Arndt aus Aachen ist der Erste, der sich die beiden „handles" seines Kites schnappt, zwei leicht gebogene Aluminium-Griffe, an denen die 20 Meter langen Führungsseile samt Drachen befestigt sind. Mit einem Ruck aus den Handgelenken zieht er den zwei Quadratmeter großen Schirm hoch, der wie eine Feuerwerksrakete nach oben schnellt. „Das hast du schon mal gemacht", brummt jemand, während Arndt den Drachen souverän durch das „Windfenster" zieht. Das ist der Bereich, in dem der Drachen ausreichend Auftrieb erfährt, um in der Luft zu bleiben. Und den man besser nicht verlassen sollte: Wer zu weit nach links oder rechts lenkt, bringt sein Fluggerät unweigerlich zum Absturz.

Der gelbe Schirm beschreibt über Arndt eine Acht nach der anderen, die Leinen sirren im Wind, da wird der Aachener plötzlich drei Meter nach vorn gezogen und hinterlässt zwei tiefe Rillen im Sand. „Im Zweifelsfall loslassen", ruft Hossi hinterher. „Der Schirm klappt schon zusammen und landet." Dann wendet er sich zu uns: „Keiner lässt gern los. Ich hatte Schüler, die wurden auf dem Bauch über den Sand gezogen."

Als Nächstes sind Richard aus Hamburg und ich an der Reihe. Uns fehlt →

**Erst nach Trockenübungen lässt Horst Nebbe (li.) seine angehenden Drachenbändiger in den Buggy. Könner schaffen mit den tief liegenden Dreirädern 80 Stundenkilometer**

Arndts offenbar schon vorhandene Erfahrung. Was zur Folge hat, dass uns – erstens – der ruckartige Zug des Schirms fast die Schultergelenke auskugelt und wir – zweitens – ebenso ruckartig dagegensteuern. Der Drachen steigt zwar, schießt aber sofort wieder senkrecht nach unten und schlägt laut knallend auf.

Richard stöhnt: „Das lerne ich nie." Hossi sagt: „Mehr Gefühl." Ich denke: „Das sieht einfacher aus als es ist."

Doch wir lernen es alle. Der Wind bläst konstant mit etwa vier Beaufort, einer mäßigen Brise, und schon nach einer Stunde hat jeder von uns ein Gefühl für seinen Drachen entwickelt. Steuert ihn in wilden Kurven, lässt sich durch den Sand ziehen. Sogar das sogenannte Halbwind-Fliegen, bei dem wir nur einen kleinen Teil des Windfensters nutzen können, haben wir bald verstanden. „Wenn ihr im Buggy sitzt, bleibt von dem riesigen Windfenster nicht viel übrig", erklärt Hossi. Erst am Nachmittag werden wir ermessen können, was das bedeutet.

**DAS SIND GARTENLIEGEN,** keine Sportgeräte", sagt Arndt, als nach der Mittagspause die zweite Lektion beginnt: der Umgang mit den Buggys. Tatsächlich liegt man eher in dem Gefährt, als dass man darin sitzt – eigentlich ganz bequem. Bis der Schirm hinzukommt, von dem man dachte, ihn bereits zu beherrschen. Denn in dieser Tieflage ist es zunächst unmöglich, mit Armen, Beinen und Oberkörper jene Ausgleichbewegungen zu vollführen, die den Drachen bei voller Bewegungsfreiheit in der Luft gehalten haben. Jetzt fliegt er immer wieder aus dem Windfenster heraus, sackt langsam in sich zusammen – und mit ihm sacken all unsere Hoffnungen, tatsächlich passable Kitebuggy-Fahrer zu werden.

Dann, nach dem sechsten, siebten Versuch, schwebt er endlich, und tatsächlich: Der Buggy fährt! Einen Meter, zwei Meter, der Drachen bleibt in der Luft – drei Meter, vier Meter – und entwickelt genug Kraft – fünf Meter, sechs Meter –, um das Gefährt zu beschleunigen. Doch schon im Moment des Jubels – sieben Meter, acht Meter – beginnen die nächsten Probleme: Jetzt muss ich nicht nur den Drachen im Windfenster halten, sondern zugleich darauf achten, wo der Buggy hinfährt, mit den Füßen lenken, hoffen, dass nichts im Weg steht, besonders kein Hund, mich erneut auf den Drachen konzentrieren, schauen, lenken ... Nun muss ich Abläufe koordinieren, von deren Existenz ich zuvor nicht einmal etwas ahnte. Dabei kriecht mein Buggy gerade mal in Gehgeschwindigkeit über den Sand.

Gegen vier Uhr frischt der Wind auf, und ein paar breite, dunkle Wolken ziehen schnell vom Meer über den Strand. „Das sind jetzt fast fünf Windstärken", sagt Hossi. Mein Buggy fährt nun zwar schneller, nur leider nie dorthin, wohin ich will. Denn diese eine Einheit mehr auf der Beaufort-Skala macht den Drachen zur Furie: Er bockt, torkelt, reißt aus und steht plötzlich hinter mir. Der Buggy rollt rückwärts, dann schleift er schräg durch den Sand. Irgendwann fährt er endlich geradeaus. Aber nur in die Richtung, die der Rückenwind vorgibt. Zurück müsste ich gegen den Wind kreuzen, was mein Drachen mir jedoch verweigert. Nach jeder Hinfahrt hilft also nur eines: aussteigen, Schirm einrollen, Buggy zurückschieben und sich vom Lehrer anhören, dass man diesen Spaziergang auch als „Walk of Shame" bezeichnet.

Am Abend sitzen wir noch eine Weile am Strand. Der Wind hat sich gelegt. Zum ersten Mal nimmt Hossi seine Sonnenbrille ab. Sie hat einen akkuraten weißen Abdruck um seine Augen hinterlassen. Der Mann hat sehr viel Zeit an diesem Strand verbracht. Er erzählt, dass er die Kitebuggy-Schule 2001 gegründet habe, sie aber nach wie vor nur sein Hobby sei. Hossi arbeitet hauptberuflich als IT-Experte.

Jens Baxmeier kommt hinzu, jener Mann, der am Vormittag mit seinem riesigen Schirm lautlos an uns Anfängern vorbeigeglitten ist. Das erklärt sich nun: Baxmeier ist Chefredakteur der Zeitschrift „Kite and Friends". Er erzählt von

Was nach Leinensalat aussieht, ist leicht zu ordnen: Ein Zugschirm hat meist zwei Brems- und zwei Steuerleinen

Den Kitebuggy-Fahrern sind etwa 100 Hektar Strandfläche vorbehalten. Doris' Strandcafé begrenzt die Piste im Norden

einer Reportage über einen Buggy-Fahrer, der die Wüste Gobi bezwang. Und auch Markus Michaelsen setzt sich zu uns, der deutsche Vize-Juniorenmeister, ein junger Blondschopf, der Hossi bei den Kursen hilft; er war es, der vorhin einen dreirädrigen Buggy hochkant auf nur zwei Rädern an uns vorüberlenkte.

**S IE ALLE GEHÖREN** zu der kleinen Szene, die sich entwickelt hat, nachdem Kitebuggy-Fahren Ende der 1980er Jahre in Neuseeland aufkam und einige Jahre später nach Europa schwappte. „Damals war alles noch selbst gebastelt: ein dreirädriger Wagen, ein Lenkdrachen dazu, fertig", erinnert sich Baxmeier.

Inzwischen ist die Ausrüstung der Kitebuggy-Piloten hoch spezialisiert; manche Buggys kosten knapp 2500 Euro. Nur eines ist gleich geblieben in der Szene. „Kein Stress, das ist unsere Devise", meint Hossi. Trotzdem, wird er später sagen, ärgert er sich über das „Autoskooter-Syndrom" vieler Strandbesucher. „Weil Kitebuggy-Fahren so leicht aussieht, denken die meisten, man wirft eine Münze ein, und los geht's." In unserem Kurs würde das niemand mehr behaupten.

Am zweiten Tag weht der Wind wieder mit vier Beaufort aus Süden. Alles, was wir gestern mühsam gelernt haben, haken wir nun im Minutentakt ab. Ein bisschen Schirm-Handling, ein paar Windfensterübungen, und plötzlich denke ich: Sollte Hossi vielleicht doch recht behalten? Sollten wir heute wirklich zu Kitebuggy-Fahrern werden? Nach einer Stunde liegen wir in unseren Dreirädern. Ich stelle mich darauf ein, gleich wieder den „Walk of Shame" antreten zu müssen. Doch es kommt anders.

So, als habe jemand einen Schalter umgelegt, als habe die Autoskooter-Münze doch einen Mechanismus in Gang gesetzt: Die mühsame Koordination geht in Automatismus über, ich ziehe den Drachen durch das Windfenster, der Buggy beschleunigt. Auf Tempo 30, 40 vielleicht sogar 50 – was mir wie 60, 80 oder 100 Stundenkilometer vorkommt, weil ich nur eine Handbreit über dem Sand hinwegfege. Ich fahre den Strand hinauf, wende mit einer nie vermuteten Leichtigkeit, rolle geschwindigkeitsberauscht zurück, drifte durch die Kurven und beherrsche bald auch das Bremsen, indem ich den Schirm aus dem Wind lenke und den Buggy quer stelle. Vergnügen!

Als am Nachmittag Jens Baxmeier mit seinem gigantischen Drachen hinter mir auftaucht, weiß ich sofort, was zu tun ist. Ich fahre parallel zu seinem Buggy. Und als Baxmeier kurz auf Augenhöhe kommt, konzentriere ich mich auf jede einzelne meiner Bewegungen, nehme die beiden Griffe in die linke Hand, allen Mut zusammen und hebe zum Gruß kurz und sehr lässig meine freie rechte Hand in den Wind. Wir Kitebuggy-Fahrer müssen doch zusammenhalten. ■

Die Ähnlichkeit des Kitebuggys mit einer Liege war **Andreas Lesti**, 32, nach zwei Kurstagen recht. Fotograf **Walter Schmitz**, 60, bevorzugt weiterhin vier Räder.

INFO

▶ KITEBUGGY

## Starthilfen für Strandpiloten

**DER ZWEITAGES-KURS** in der Kitebuggy-Fahrschule von Horst Nebbe am Strand von St. Peter-Ording kostet 159 €. Nebbe bietet pro Jahr bis zu 15 Kurse an, die meist schnell ausgebucht sind, also: rechtzeitig anmelden. Wer will und die fahrerischen Fähigkeiten hat, kann am zweiten Tag mit einer Prüfung abschließen (Gebühr 30 €) und in Verbindung mit einer Mitgliedschaft der German Parakart Association Kitesailing e. V. (GPA) eine Lizenz erwerben. Dies ist notwendig, um in St. Peter-Ording und auf Spiekeroog auf eigene Faust Kitebuggy zu fahren: **Kitebuggy Fahrschule St. Peter-Ording** *Böhler Landstr. 23, Tel. 04863/366 65* oder *Tel. 0170/383 27 48, www.buggyfahrschule.de.*

**ALLGEMEINE AUSKUNFT: Tourismusbüro** *Maleens Knoll 2, Tel. 04863/99 90, www.st.peter-ording.de.*

# Die Traumschiff-

Höher, länger, luxuriöser: In der Papenburger Meyer Werft laufen die teuersten Kreuzfahrtschiffe der Welt vom Stapel. Einblicke in eine Hightech-Branche auf dem platten Land

FOTOS ¬ THOMAS ERNSTING TEXT ¬ HARALD WILLENBROCK

# -Fabrik

Die »Norwegian Gem« kurz vor der Fertigstellung. Sie ist 295 Meter lang, 15 Decks hoch und kostet rund 400 Millionen Euro

**E**R TRÄGT EINE RANDLOSE BRILLE, einen blinkenden Blackberry im Gürtelhalfter und, obwohl ihn hier natürlich jeder kennt, ein Namensschild am Revers. Wer ihn nie gesehen hat, würde ihn für einen Buchhalter oder Banker halten und niemals vermuten, dass sich unter seinem mausgrauen Flanellsakko ein einzigartiges Präzisionsinstrument verbirgt. Ein hochsensibler Sensor, von dessen Zuverlässigkeit Deutschlands größte zivile Werft, mehrere Tausend Arbeitsplätze und das wirtschaftliche Wohl und Wehe einer ganzen Region abhängen.

Dieser Sensor ist der Bauch des Unternehmers Bernard Meyer.

Ohne die Entscheidungen, die Meyer, nur auf seine Intuition vertrauend, immer wieder glücklich getroffen hat, gäbe es dieses tiefe Rumsen nicht mehr, das den Konferenzraum der Papenburger Meyer Werft in unregelmäßigen Abständen erzittern lässt. Ohne sie würden nicht eine Etage tiefer, in Europas größten überdachten Baudocks, im Akkordtempo schwimmende Stahlriesen heranwachsen. Ohne sie kröchen nicht einige Hundert Schweißer, Ingenieure, Mechaniker und Elektriker durch die Innereien der „Celebrity Solstice", eines 17 Decks hohen Kreuzfahrtschiffes, das in rostbraunem Schutzanstrich im Baudock 2 liegt. Während an Bug und Heck noch die Funken fliegen und ein 800-Tonnen-Kran einen Abgasschacht von den Ausmaßen eines Sattelschleppers im Schiffsbauch versenkt, werden weiter vorn bereits die Küche und Kabinen für die Crew installiert. Im Herbst 2008 muss der Koloss an die US-Reederei Celebrity Cruises übergeben werden.

**IM BAUDOCK 1** nimmt zur selben Zeit eine Fähre für den indonesischen Inselverkehr Gestalt an, gleich neben der 252 Meter langen, 60 Meter hohen „AIDAbella". In wenigen Wochen wird sich im Mittelteil des Kreuzfahrtschiffes eine millionenteure Multimedia-Bühne mit Bars, Sitzgruppen, Fernsehstudio und einem nach drei Seiten offenen, dreistöckigen Theater erheben. „Wir bauen da eine Technik ein, nach der sich manches staatliche Schauspielhaus die Finger lecken würde", sagt Meyer. →

Jede der beiden Schiffsschrauben unter dem Heck der »Norwegian Gem« hat einen Durchmesser von sechs Metern und ist um 360 Grad drehbar. So leisten sie nicht nur Vorschub, sondern dienen auch zur Lenkung

Mit rund 2450 Mitarbeitern und einer Milliarde Euro Jahresumsatz lenkt er nicht nur Deutschlands größtes ziviles Schiffbauunternehmen, sondern ist ganz nebenbei auch der größte Abnehmer von Hotelausstattungen und professionellem Bühnenequipment des Landes. Alles in Papenburg ist XXL.

Meyer, schlank, mittelgroß, verbrachte seine Kindheit auf der Werft, studierte Schiffbau in Hannover und Hamburg und übernahm 1982 das Unternehmen. „BM", wie er intern genannt wird, ist Vater von drei Söhnen und zwei Töchtern, Katholik, fest in Papenburg verwurzelt und absolut eskapadenfrei. Weder spielt er Golf noch fährt er einen schnellen Wagen, nicht einmal ein Boot besitzt er, „auch wenn meine Frau gern eines hätte". Möchte der 59-Jährige kurz abschalten, läuft er am Deich der Ems entlang. Seine Urlaube verbringt er an Bord von Kreuzfahrtschiffen, und zwar als ganz normal zahlender Gast, betont Meyer. Schließlich könne er so am meisten über die Bedürfnisse seiner Kunden lernen.

**DAS HIER IST KEINE GELDANLAGE,** sagt der Werftchef, ein Stück Kluntje in der Teetasse versenkend, „sondern eine riskante Aufgabe." Mehrfach habe es in seinen 26 Jahren an der Werftspitze existenzielle Krisen gegeben, die ihn fürchten ließen, „hier als letzter Meyer die Werfttore abschließen zu müssen". Während er von den kohlrabenschwarzen Tagen seiner Werft erzählt, lassen sich die Konterfeis seiner fünf Vorgänger an der Wand des Konferenzraums studieren. Keiner von ihnen lächelt. Ganz links hängt Willm Rolf Meyer, Bernard Meyers Ururgroßvater. Als er die Werft 1795 gründete, zählte man ringsum noch 22 weitere Schiffbaubetriebe. Geblieben ist nur einer. Mittlerweile fertigt das Unternehmen Gastanker, Fähr- und Flusskreuzfahrtschiffe sowie schwimmende Viehtransporter, die bis zu 125 000 Tiere aufnehmen können und zumeist Schafe auf ihrer letzten Reise von Neuseeland zur arabischen Halbinsel transportieren.

Markenzeichen und Umsatzbringer aber sind die bis zu 600 Millionen Euro teuren Luxusliner. Beherrscht wird dieses Geschäft von Schwergewichten wie der italienischen Fincantieri-Gruppe und dem norwegischen Konzern Aker Yards. Die eine hat den italienischen Staat, der andere eine milliardenschwere Aktionärsgruppe im Rücken, beide zusammen besitzen einen Marktanteil von 70 Prozent.

Ein Viertel des Geschäftes aber macht die Meyer Werft; sie ist bis ins Jahr 2012 ausgelastet. Wie schafft sie das? Wie überlebt eine Familienwerft im Hochlohnland Deutschland? Dazu noch 50 Kilometer von der Nordsee entfernt, am ruppigen Rand der Republik gelegen?

Eine Erklärung scheint zu sein: Gerade deshalb schafft sie es. Hier oben im tief katholischen Emsland, sagt Meyer, seien die Menschen einfach anders als im Rest des Landes: „Die Motivation der Mitarbeiter ist hoch, die Bindung ans Unternehmen ist es auch, und die Löhne spielen noch nicht verrückt." Außerdem haben die Meyers ein außerordentliches Geschick dafür entwickelt, neue Kunden zu gewinnen. In den 1970er Jahren beispielsweise finanzierte das Unternehmen der indonesischen Regierung eine Studie zur Verkehrsentwicklung des Landes – sozusagen eine Art wissenschaftliches Werbegeschenk. Was genau darin stand, weiß in Papenburg niemand mehr zu sagen, aber es muss die Indonesier nachhaltig beeindruckt haben: Mittlerweile fertigt die Werft in Papenburg bereits ihr 24. Passagierschiff für den asiatischen Staat. Die „Gunung Dempo", die im Baudock 1 Konturen annimmt, hat mit einem luxuriösen Kreuzfahrtschiff allerdings so wenig gemein wie ein Jugendherbergszimmer mit der Präsidentensuite des „Adlon". Den Indonesiern, sagt Meyer, gehe es vor allem darum, „irgendwie von A nach B" zu kommen.

**IRGENDWIE VON A NACH B** – genauer: von der Papenburger Werft zur Emsmündung – müssen auch die Meyer'schen Schiffe nach ihrer Fertigstellung gelangen. Das hat regelmäßig Kritik von Umweltschützern zur Folge: Denn damit die immer größeren Schiffe Platz fanden, musste die Ems immer tiefer ausgebaggert werden, was das Ökosystem des Flusses jedes Mal auf Monate erschütterte.

Um ein wenig Imagepflege zu betreiben und „den Menschen klarzumachen, dass wir hier nicht nur ein paar alte Fischkutter zusammenkloppen", so Pressesprecher Peter Hackmann, leistet sich die Werft ein Besucherzentrum. Es musste kürzlich erweitert werden, nachdem die Resonanz selbst die in Superlativen denkende Werftspitze überrascht hatte: Mehr als 270 000 Touristen schlendern jährlich durch das 2400 Quadratmeter →

Ein Gigant nimmt Form an: Eine 500-Tonnen-Presse biegt Stahlbleche …

Staub aufwirbeln: Vor der Werkhalle befreien Arbeiter mit einem Sandstrahler ein Bugsegment von Schmutz; später werden Rostschutz und Farbe aufgetragen

... und im Maschinenraum werden fünf Dieselmotoren eingebaut, die zusammen 100 000 PS entfalten und das Schiff mit Strom versorgen. Die »Norwegian Gem«, auf der 80 000 Lampen brennen sollen, wird den Verbrauch einer Kleinstadt haben

Der Herr der Pötte: Bernard Meyer leitet das Familienunternehmen in sechster Generation. Er ist wichtigster Arbeitgeber der Region: mit rund 2450 Beschäftigten. Zurzeit lässt er die größte Dockhalle der Welt errichten, um gegen die wachsende Konkurrenz aus Asien gewappnet zu sein

große Multimedia-Center. Bis zu 100 000 weitere warten staunend am Flussufer, wenn sich wieder eines der Meyer'schen Stahlmonster durch den Geburtskanal Ems Richtung Nordsee zwängt. Der Großlieferant der Tourismus-Industrie ist selbst touristisches Highlight geworden.

„Ohne die Werft", so Jan Peter Bechtluft, „wären wir touristisch kaum auf der Landkarte vertreten." Bechtluft ist Bürgermeister von Papenburg und gestaltet von einem Büro im backsteinernen Rathaus der 35 000-Einwohner-Stadt aus. Durch die Sprossenfenster blickt der Verwaltungsfachmann auf die „Friederike", ein historisches Segelschiff der Meyer Werft, das auf dem Hauptkanal vorm Rathaus liegt. Fast jeder im Ort, sagt Bechtluft, habe einen Nachbarn, Verwandten oder Bekannten, der bei Meyer unter Vertrag stehe – wer keinen habe, arbeite höchstwahrscheinlich selbst dort. Glücklicherweise habe seine Gemeinde noch einige andere große Arbeitgeber wie den Gardinenhersteller ADO oder das Bauunternehmen Johann Bunte. Klar sei aber: „Wenn die Meyer Werft hustet, kriegt Papenburg eine Lungenentzündung."

Bechtluft kann sich deshalb auch genau an die Weltuntergangsstimmung im Ort erinnern, als die Werft im Jahr 2003 über ein Sechstel der Belegschaft entließ.

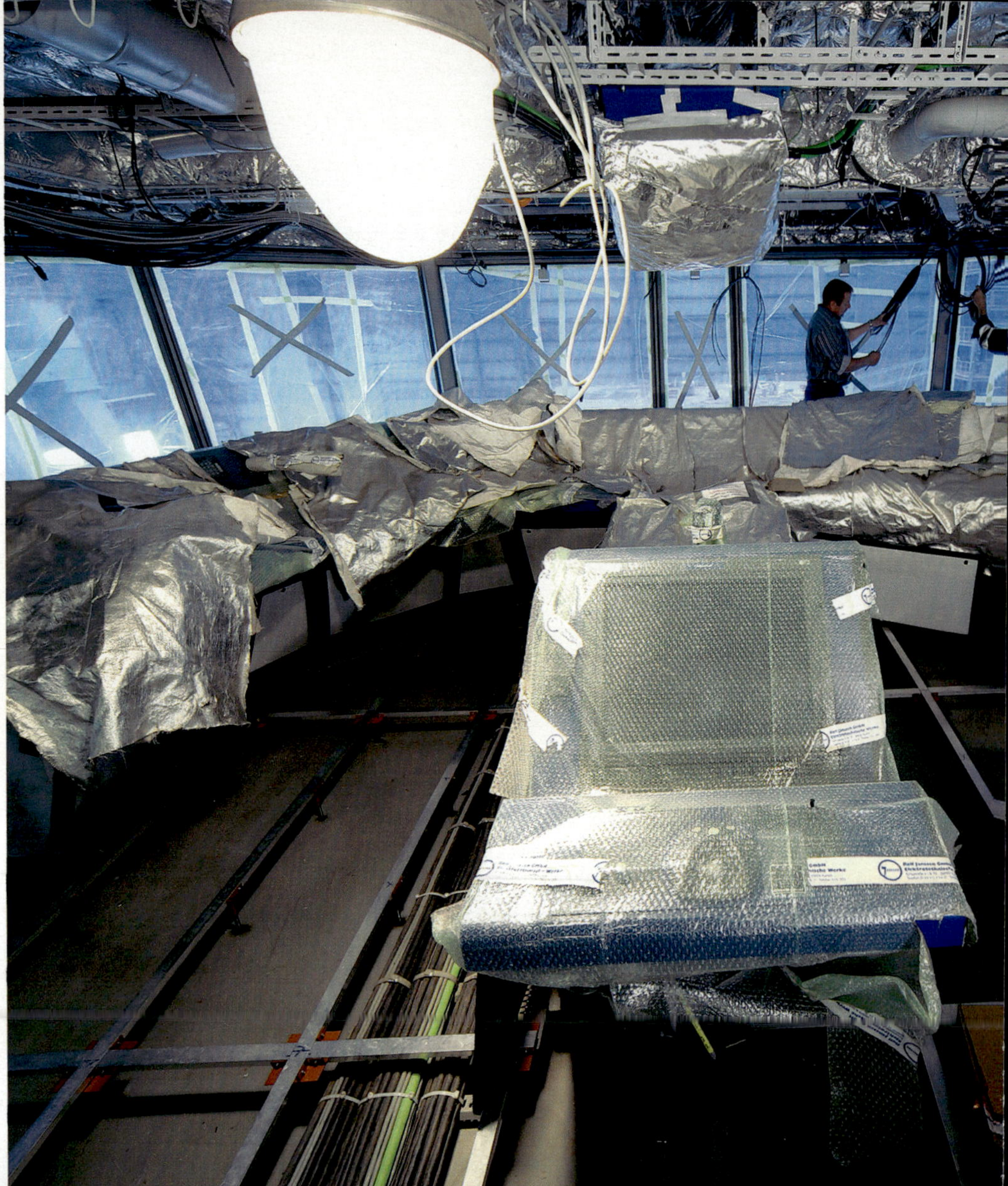

Architekt Christian Klein erschafft die Luxuskreuzer der Zukunft zunächst auf Papier, dann am Computer, schließlich als Kunststoffmodelle. Das Schiffsinnere ähnelt immer stärker einer Stadt mit Plätzen, Gassen, Einkaufspassagen

Geschäfte, Sportanlage und Amüsierfläche müssen irgendwie auf ein Deck ...

Die halb fertige Kommandobrücke auf Deck 11 geht ans Netz. Insgesamt müssen die Techniker rund 2000 Kilometer Kabel im Schiff verlegen

Damals, als die Druckwelle des 11. September mit zweijähriger Verspätung Papenburg erreichte, als Touristen zurückhaltend buchten und Reeder kaum noch orderten, mussten bei Meyer auf einen Schlag rund 550 Mitarbeiter gehen. Auch im November 2006 war Bechtluft dabei, als ein Meyer-Schiff in halb Westeuropa die Lichter ausgehen ließ. Bei der Überführung der rund 60 Meter hohen „Norwegian Pearl" musste der Energieversorger EON aus Sicherheitsgründen eine Hochspannungsleitung über der Ems abschalten, was zu einer flächendeckenden Kettenreaktion von Stromausfällen führte. Das einzig Positive an der Sache: „Zehn Millionen Haushalte saßen europaweit im Dunkeln – aber wir in Papenburg hatten immer noch Strom", sagt der Bürgermeister.

**ES IST NICHT SO,** dass derartige Pannen das Entwicklungsteam der Werft davon abhalten, in immer größeren Dimensionen zu planen. Die 17 „Sales & Design"-Mitarbeiter sind damit beschäftigt, sich ständig neu auszudenken, was Kreuzfahrttouristen übermorgen wünschen und Reeder morgen bestellen könnten. Christian Klein, ein schlaksiger, 31-jähriger Architekt, inspiziert dafür Fitnessstudios, Restaurants, Ferienanlagen und Diskotheken und sammelt Ideen. „Wir schauen uns gesellschaftliche Trends an", sagt er, „und versuchen, diese aufs Schiff zu übertragen." Aus einem Wanderurlaub hat Klein etwa die Idee mitgebracht, Kreuzfahrtschiffe künftig wie andalusische Dörfer zu organisieren – mit Terrassen, Gassen, Plätzen und Innenhöfen. Einem solchen „urbanen Schiffstyp" gehört die Zukunft der Kreuzfahrt, ist Klein überzeugt.

Der Architekt weiß aber auch: „Alle Visionen müssen sich rechnen." Weil Reeder hart kalkulierende Kaufleute sind, besteht die Kunst erfolgreicher Schiffskonzeption darin, ihnen per Architektur das Geldverdienen zu erleichtern. Beispielsweise, indem man durch geschickte Grundrissplanung mehr Kabinen auf gleichem Platz unterbringt. „Ob 3000 oder 6000 Passagiere, man braucht immer nur einen Kapitän", sagt Klein.

Für die Manager der Disney Cruise Line, die auf Familienkreuzfahrten setzen, entwickelten Klein und seine Kollegen mehr als 80 Schiffsentwürfe, bevor die Amerikaner überhaupt ernsthaft zu verhandeln begannen. Mitte der 1990er Jahre war Bernard Meyer mit seinen Kindern nach Florida ins Disneyland gereist, um ein Bauchgefühl für den Wunschkunden zu entwickeln. „‚Kinder', hab ich gesagt, ‚wir bleiben hier höchstens eine Stunde drin'", erinnert sich der Werftchef. „Gegangen sind wir dann erst nach sechs Stunden. Die Geschicklichkeit, mit der dort Entertainment inszeniert wird, hat mich wirklich umgehauen."

Jahrelang warb Meyer um den Mickey-Mouse-Konzern. Dann, im April 2007, hatte er endlich einen Milliardenauftrag über zwei Kreuzfahrtschiffe sicher. Und Aloys Meemann bekam ein Problem.

…eine tragende Säule dieses Konzepts: das Theater mit 1050 Plätzen

**MEEMANN, GELERNTER ANLAGENBAUER,** arbeitet seit 27 Jahren auf der Werft. Der 55-Jährige hat in Papenburg bereits den Bau von mehr als 20 Kreuzfahrtschiffen betreut. Die noch namenlosen Disney-Riesen mit den Baunummern 687 und 688 aber sind etwas völlig Neues. Sie stehen nicht nur für den größten, sondern auch für den teuersten Auftrag, den je ein Meyer an Land gezogen hat. „Wir haben noch nie etwas Derartiges gebaut, diese Schiffe sind absolute Prototypen", sagt →

Wie ein UFO vor dem Abheben: Noch liegt die »Celebrity Solstice« halb fertig im Baudock. Im Oktober 2008 soll sie die Werft verlassen, nach über einem Jahr Bauzeit: 315 Meter lang, 37 Meter breit und mit Platz für mehr als 2850 Passagiere

Massenspektakel an der Ems: Vor vielen Schaulustigen zwängt sich die 33 Meter breite »Norwegian Gem« durch die Werft-Schleuse

Meemann. Jedes knapp 340 Meter lang, 37 Meter breit, mit 1250 Kabinen. „Weil unser Zeitplan so eng ist, muss alles auf Anhieb klappen."

Meemanns offizieller Titel beim Disney-Auftrag lautet „Projektleiter", doch seine eigentliche Aufgabe ist die eines Dirigenten. Mehr als 200 Kilometer Rohre, 2000 Kilometer Kabel, 40 000 Quadratmeter Teppichboden und 2000 Toiletten pro Schiff wird er zur rechten Zeit an den passenden Ort dirigieren müssen. Nur ein Viertel aller Bauteile stellen die Arbeiter der Meyer Werft selbst her; der große Rest wird irgendwo in Europa vorgefertigt und auf Meemanns Kommando nach Papenburg geliefert. 1800 Zulieferer – von emsländischen Fliesenlegern über Stukkateure, die Saaldecken verzieren, bis zum Lieferanten von 15 Millionen Euro teuren Bühnentechniksystemen – muss Meemann koordinieren.

**SEINE PARTITUR** ist ein bunter, ausladender Zeitplan, der mit der Vertragsunterzeichnung beginnt und rund fünf Jahre später mit der Übergabe des zweiten Schiffes enden wird. Meemann breitet den Plan auf dem Tisch aus, fährt mit der Hand darüber, verharrt an einer grün schraffierten Stelle. „Da sind wir jetzt", sagt er, die Phase der Konstruktionen und Entwürfe habe begonnen. Jeder Schritt wird gleich vor Ort mit den Disney-Gesandten abgestimmt: Auf der Werft arbeitet neuerdings ein knappes Dutzend amerikanischer, britischer, französischer Schiffsingenieure und Projektplaner, um den Schiffen als Geburtshelfer zur Seite zu stehen. Für die nächsten Jahre haben sie sich in Häusern und Wohnungen rund um Papenburg einquartiert. In zwei Jahren werden es über 60 Gäste sein.

Je mehr sich Meemanns Zeitplan der Endphase nähert, desto schriller werden die Farben. Im Frühjahr 2008 hat die sechsmonatige Phase des Stahlbrennens begonnen, bei der das Schiff nach dem „Lego-Prinzip" Stockwerk für Stockwerk heranwächst. Große Stahlplatten werden vollautomatisch zu sogenannten Paneelen und dann zu Sektionen aneinandergeschweißt, jede rund 20 mal 20 Meter groß; etwa sieben dieser Standard-Elemente, die zum Beispiel schon mit Aussparungen für Türen oder Treppen versehen sind, ergeben einen „Block". Jeder ist 800 Tonnen schwer und ausgerüstet mit Kabelbahnen, Versorgungsschächten oder Rohrleitungen. Wie Legosteine aneinandergesetzt, fügen sich etwa 65 Blöcke zur Grundstruktur des Schiffes.

Zur gleichen Zeit bereiten Tischler und Raumdekorateure der Meyer'schen Tochterfirma Ems Precab die Kabinen vor. Nachts, wenn an Bord die Schweißarbeiten ruhen, werden die Compartments inklusive Vorhängen, Teppichen und aufgehängter Duschbrausen wie Schubladen in die bereits fertiggestellten Schiffsetagen geschoben. Pro Kabine dauert das nicht mal eine halbe Stunde.

**AB SOMMER 2010**, das weiß Meemann schon jetzt, wird er keinen Urlaub mehr nehmen können. Wenn er seine Arbeit gut macht, wird Anfang 2011 der erste der beiden Disney-Liner Eemshaven passieren. Jeder Tag später wäre eine Katastrophe und würde die Werft mehrere Millionen Euro Konventionalstrafen kosten. „Aber bis heute", sagt der Schiff- →

bauveteran stolz, „haben wir noch nie eine Strafe zahlen müssen. Dafür sind wir bekannt."

Tatsächlich sind grundsolide Tugenden wie Qualität, Zuverlässigkeit und Familiensinn ein wichtiges Verkaufsargument der Papenburger Schiffbauer. Die Werft konnte groß werden, weil die Eigner ihr Ego über sechs Generationen hinweg klein gehalten haben – eine absolute Seltenheit unter Familienunternehmen. Während die meisten früher oder später daran zerbrechen, dass sie sich über die Firmenstrategie in die Haare geraten oder Erben ihre Aktien versilbern wollen, haben die Meyers der fünften Generation ihre Gesellschafteranteile unisono Bernard Meyer zur Verfügung gestellt. Er ist nicht nur Chef, sondern auch aktueller Alleininhaber der Werft.

Nur so konnte er Anfang der 1980er Jahre überhaupt eine riskante Bauchentscheidung fällen. Damals schien das Zeitalter der Passagierdampfer unwiederbringlich vorüber, weil Reisende längst lieber das Flugzeug nahmen, als auf Deck gemächlich ihrem Ziel entgegenzufahren. Die gegenwärtige Hochkonjunktur des Kreuzfahrttourismus hingegen war nicht einmal entfernt auszumachen. Bernard Meyer entschied dennoch, ins Geschäft mit den Cruise Linern einzusteigen, „einfach aus dem Bauch heraus", wie er eben sagt: „Das war volles Risiko und hätte uns Kopf und Kragen kosten können."

**DAS ERSTE KREUZFAHRTSCHIFF** der Werft, die „Homeric", wurde tatsächlich kein erhebender Erfolg. Als fast schon legendär gilt jener „Tag der offenen Tür" an Bord des fast fertiggestellten Schiffes, den die Besucher zu wörtlich nahmen und alles einsteckten, was nicht niet- und nagelfest war. Aber Meyer sollte recht bekommen: Zwischen 1995 und 2005 verdoppelte sich die Zahl der Urlauber zur See auf 11 Millionen jährlich. Dennoch entspricht das Platzangebot sämtlicher Kreuzfahrtschiffe weltweit nicht einmal der Zahl der Hotelbetten auf der Mittelmeerinsel Kreta. Mit anderen Worten: Im maritimen Tourismus scheint noch gewaltiges Wachstumspotenzial zu stecken. Und Meyer könnte sich eigentlich entspannen.

Den Werftchef aber plagt an diesem Tag beharrliches Bauchgrimmen. Gerade hat er erfahren, dass die koreanische Großwerft STX 39,2 Prozent der Aktien des europäischen Meyer-Konkurrenten Aker gekauft hat. „Bei diesen Prozent wird es nicht bleiben", fürchtet Meyer. „Die wollen ran an das Know-how der Aker-Gruppe. Und in drei, vier Jahren werden die Koreaner anfangen, selbst Kreuzfahrtschiffe zu bauen. Danach ist es nur noch eine Frage der Zeit, bis auch die Chinesen ins Geschäft einsteigen." In der vergangenen Nacht habe er jedenfalls ziemlich schlecht geschlafen.

Meyers Gegenstrategie: Bis zum Jahr 2012, wenn das zweite Disney-Schiff ausgeliefert wird, will er „die kompetenteste Mannschaft der Branche" an Bord haben. Seine Personalmanager haben deshalb 2007 mit 120 angehenden Konstruktionsmechanikern, Elektronikern, Technischen Zeichnern und Industriekaufleuten bereits doppelt so viele Auszubildende wie üblich eingestellt. Das Baudock 2 wird derzeit um 120 Meter verlängert, was die Kapazität der Werft auf den gleichzeitigen Bau von drei statt zwei Luxuslinern erhöhen wird, allerdings erst einmal rund 100 Millionen Euro kostet. „Es ist unseren Mitarbeitern natürlich schwer zu vermitteln", räumt Meyer ein, „dass wir uns gerade jetzt, wo es uns besser geht als je zuvor, mehr als je zuvor anstrengen müssen. Aber es ist, da bin ich sicher, die richtige Entscheidung."

Ob sie tatsächlich segensreich ist, wird eines Tages die siebte Meyer-Generation beurteilen. Die fünf Kinder des jetzigen Firmenchefs sind erwachsen, „glücklicherweise bei guter Gesundheit und", wie Meyer ironisch bemerkt, „auch nicht ganz doof". Alle wären sie nach Einschätzung des Vaters durchaus in der Lage, die Meyer'sche Tradition weiterzuführen. Wer es werden soll? „Darüber wird zu gegebener Zeit entschieden", wehrt der Werftchef ab und verabschiedet sich. Beim Hinausgehen wirft der amtierende Meyer einen Blick auf die Reihe seiner Ahnen, mit behänden Fingern schließt er das Flanellsakko über seinem Bauch. Bisher hat der ihn noch nie im Stich gelassen. ■

INFO

**▶ PAPENBURG**

## Meyer und mehr

### Besucherzentrum

Eine Besichtigung der Meyer Werft und ihres Besucherzentrums in Papenburg dauert anderthalb Stunden, kostet 9 € (Erwachsene) beziehungsweise 5,50 € (Kinder) und ist ausschließlich über die **Papenburg Tourismus GmbH** zu buchen. Deren Büro samt Souvenirshop findet sich im „Zeitspeicher" am Alten Hafen der Stadt: *Ölmühlenweg 21, Papenburg, Tel. 04961/839 60, info@papenburg-tourismus.de, www.papenburg-tourismus.de.*

### Weiterschauen

Bequem vom Schreibtisch aus kann man auf der **Internetseite** *www.meyer-werft.de* unter „Werft", „WebCam" einen Blick in die Hallen werfen. Die Bilder der entstehenden Schiffsriesen werden mindestens einmal wöchentlich aktualisiert. Auf der Hauptseite finden Sie darüber hinaus die Termine der kommenden Schiffsüberführungen durch die Ems. Und mit einem kleinen Simulationsprogramm können Sie sogar Ihr eigenes Kreuzfahrtschiff entwerfen.

Fotograf **Thomas Ernsting** (im Bild) besuchte die Werft über Monate immer wieder. Autor **Harald Willenbrock** kennt sich mit Superlativen aus: In der GEO-Special-Ausgabe „Dubai" schrieb er über die höchsten Wolkenkratzer des bauverrückten Emirats.

DAS WUNDERTIER

# Nordseekrabbe

Schwimmend kennt sie jeder – in der Mayonnaise eines Krabbenbrötchens. Lebend allerdings ist *Crangon crangon* noch ein Rätsel. Zehn Dinge, über die man staunt

ILLUSTRATION ¬ **TIM WEHRMANN**

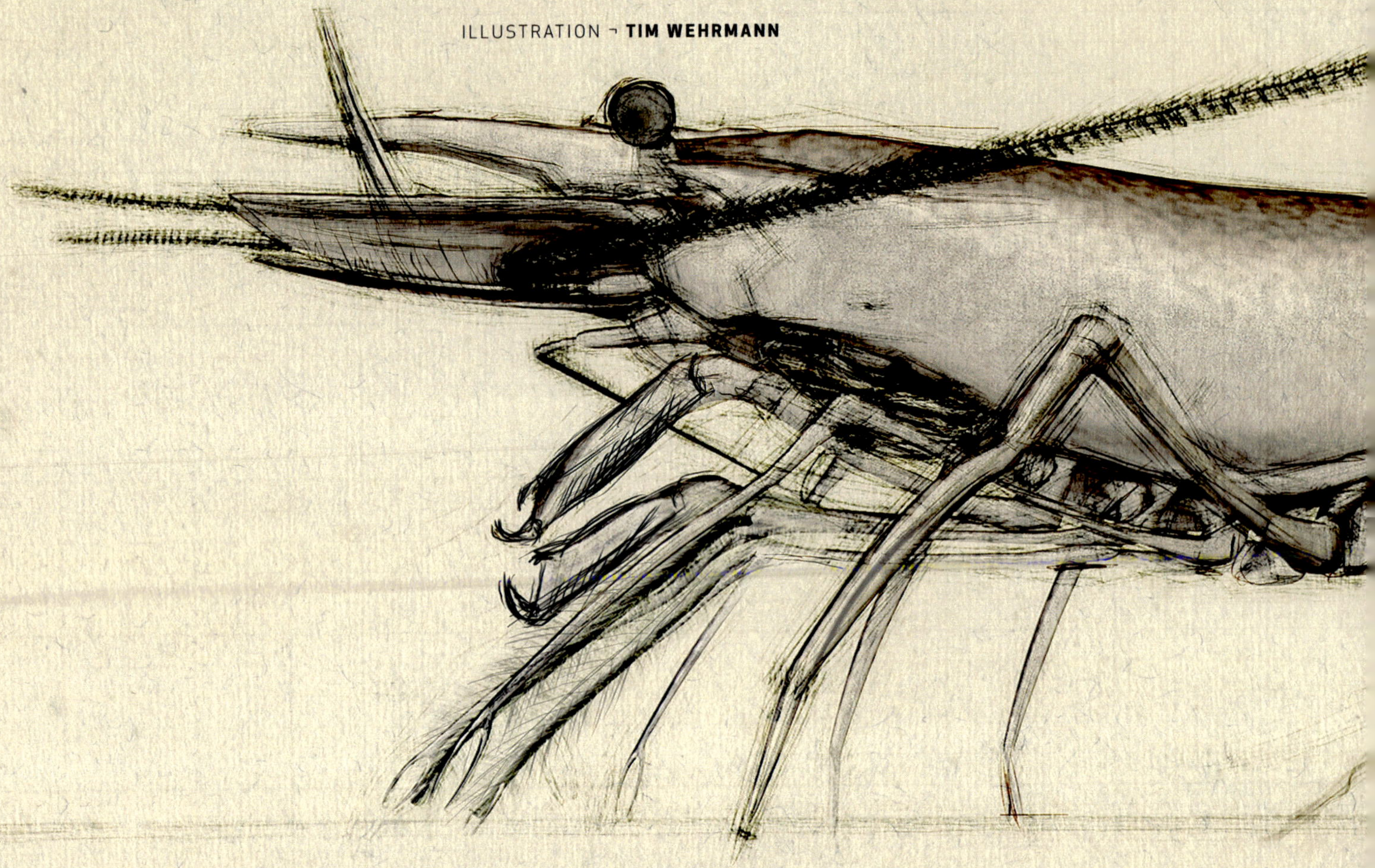

### 1. SIE IST GAR KEINE KRABBE.

Das zehnbeinige Tier trägt viele Namen: Man nennt es „Granat" oder „Porre", mancherorts heißt es gar „Kraut". Die geläufigste Bezeichnung lautet „Nordseekrabbe" – doch diese ist gleichzeitig die unpassendste: Die schlanken Wattbewohner sind keine Krabben, sondern Sandgarnelen, lateinisch *Crangon crangon*, und gehören zur großen Ordnung der Zehnfußkrebse.

### 2. SIE WECHSELT IHRE FARBE.

Meist ist die bis zu neun Zentimeter lange Garnele durchscheinend grau. Doch das ist nur eines von vielen Tarnmustern. In rund fünf Minuten kann sie ihre Körperfarbe auf den Untergrund einstellen. Eine Drüse nahe den Augen schüttet pigmentsteuernde Hormone aus, die das Bindegewebe unter dem transparenten Panzer so verfärben, dass das Tier für Feinde kaum auszumachen ist. Ihre Tage verbringt die Garnele

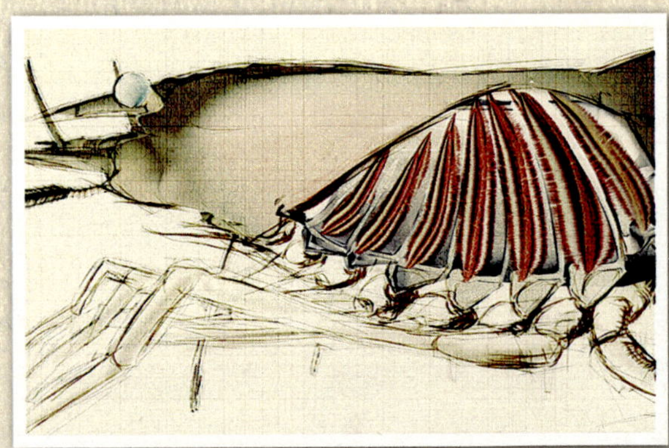

**SAUERSTOFF** aus dem Wasser nimmt die Garnele sehr effizient auf: Die Oberfläche ihrer roten Kiemen (hier eine Sicht unter den Panzer) ist durch blätterförmige Lamellen enorm vergrößert. Als ebenso gut entwickelt gilt das Nervensystem des Tieres

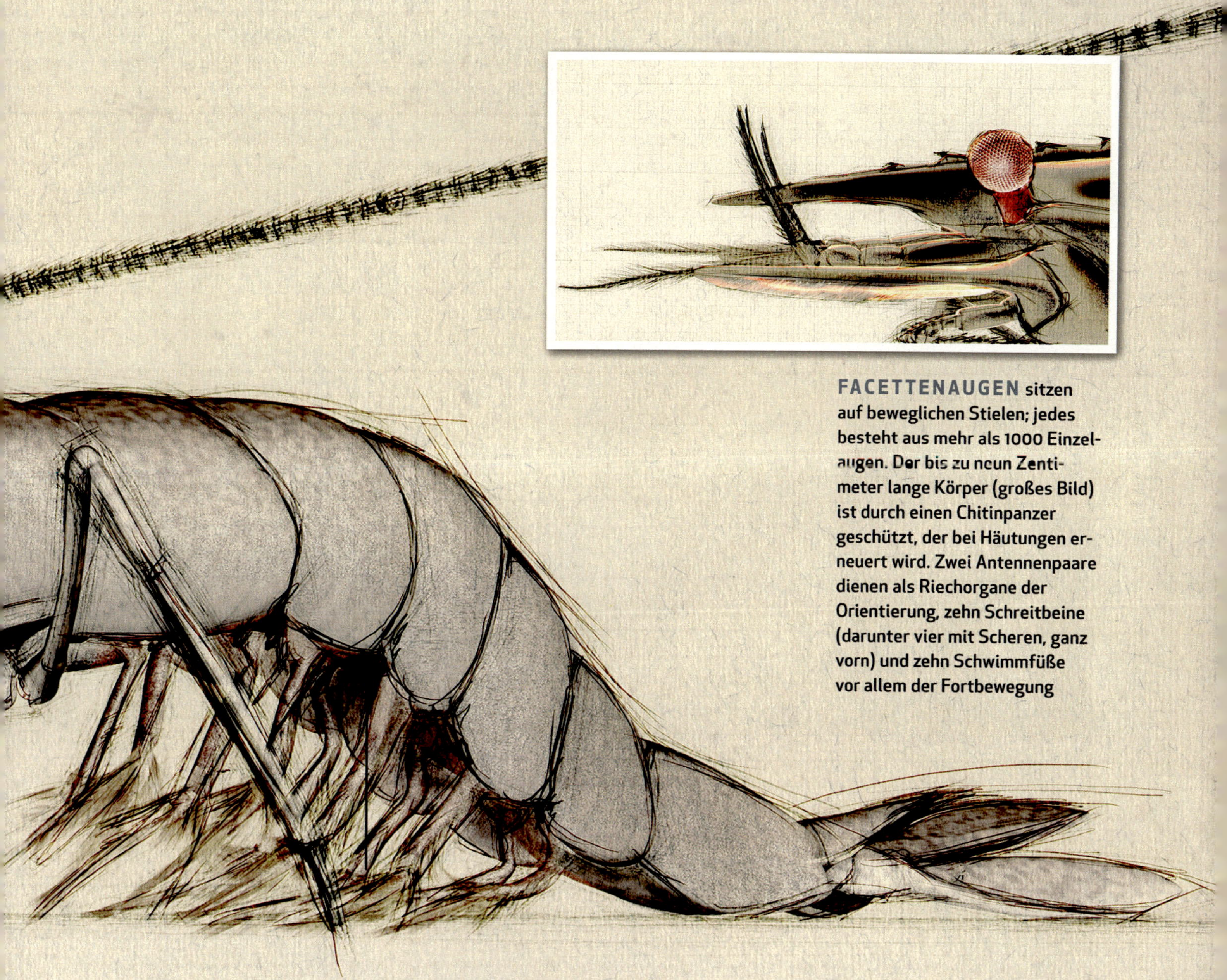

**FACETTENAUGEN** sitzen auf beweglichen Stielen; jedes besteht aus mehr als 1000 Einzelaugen. Der bis zu neun Zentimeter lange Körper (großes Bild) ist durch einen Chitinpanzer geschützt, der bei Häutungen erneuert wird. Zwei Antennenpaare dienen als Riechorgane der Orientierung, zehn Schreitbeine (darunter vier mit Scheren, ganz vorn) und zehn Schwimmfüße vor allem der Fortbewegung

jedoch ohnehin meist eingebuddelt in Sand oder Schlick. Dann ragen nur ihre Antennen und die Stiel-Facettenaugen aus dem Grund. Erst nachts wird sie aktiv.

### 3. SIE TRÄGT EINEN WUNDER-PANZER.

*Crangon crangon* trägt Korsett: ein ringartiges Außenskelett aus Chitin, einem Biomaterial, das ebenso fest wie biegsam ist. Und das weitere erstaunliche Eigenschaften besitzt: Wird das Chitin zermahlen, gereinigt und mit Lauge erhitzt, lässt sich daraus der Wunderstoff Chitosan gewinnen. Die Einsatzmöglichkeiten dieser farblosen, zähen Masse begeistern Biologen, Chemiker und Pharmakologen gleichermaßen: als Fettbinder und Schlankheitsmittel, als Reinigungshilfe bei schwermetallverseuchtem Trinkwasser, als Nährstruktur für das Wachstum von Zellkulturen, als Bakterienblocker für Wundauflagen, als Verdickungsmittel für Flüssigkeiten, als Schutzhülle für Saatkörner. Und sogar als Mikrokapseln für Medikamente und Insulin.

### 4. SIE IST WELTMEISTERIN IM RIECHEN.

Mit ihren gut körperlangen Antennen ortet die Garnele Nahrung, etwa kleine Krebse, aber auch Sexuallockstoffe – durch Schnüffeln. Für den Hamburger Zoologen Professor Konrad Wiese ist *Crangon crangon* gar ein „Weltmeister im Riechen“. Die Antennen tragen haarförmige Auswüchse, mit denen das Tier weiträumig in dem meist trüben Wasser nach Geruchsfahnen potenzieller Partner fahndet. Das Männchen muss eine frisch gehäutete, also quasi nackte, weibliche Garnele finden. Nur dann, wenn sie ihr Außenskelett abgestreift hat, ist sie zur Paarung bereit. Das Weibchen legt anschließend bis zu 4000 Eier, die es an Borsten unter seinem Hinterleib befestigt. Larven schlüpfen im Sommer nach einem Monat, →

im Winter nach drei Monaten. Ein Jahr später ist der Nachwuchs selbst geschlechtsreif.

### 5. SIE KANN IHR GESCHLECHT WANDELN.

Eine Nordseekrabbe, die ihr Leben als Männchen beginnt, muss es nicht unbedingt auch als solches beenden. Denn die Männchen besitzen die Fähigkeit, sich im Laufe ihres rund dreijährigen Lebens zu Weibchen zu wandeln. Auf diese Weise können die „protandrischen Folgezwitter", so die wissenschaftliche Bezeichnung, ihren Fortpflanzungserfolg erhöhen: Zunächst geben sie ihre Spermien weiter, später kommen ihre Eizellen bei der Paarung zum Einsatz; erst begatten sie also, dann werden sie begattet. Da eine Garnele jedoch nie gleichzeitig Männchen und Weibchen ist, besteht keine Gefahr, dass sie sich versehentlich selbst befruchtet.

### 6. SIE VERLIERT LEICHT DAS GLEICHGEWICHT.

Ein paar zusammengeklebte Sandkörner helfen der Garnele bei der Paarung oder beim Jagen, stets das Gleichgewicht zu wahren. Der winzige, von ihnen selbst zusammengebackene Sandkloß liegt in einer Mulde vorn am Kopf auf einem Bett von Sinnesborsten. Je nach Lage der Garnele drückt der Sandkloß mal auf diese, mal auf jene Sinnesborsten und teilt ihr so mit, ob sie mit den Beinen nach oben oder nach unten schwimmt.

### 7. SIE IST EIN WEITSPRINGER.

Damit sie beim Umherpaddeln auf ihren Beutezügen nicht selbst als Futter endet, kann sich die Garnele in Sekundenbruchteilen fortkatapultieren. Nähert sich etwa ein Kabeljau, klappt sie sich blitzschnell wie eine Krampe zu einem U zusammen und erzeugt mit ihrem paddelförmigen Schwanzende einen solchen Vortrieb, dass sie bis zu einem halben Meter weit durch das Wasser schießt. Dieser Krampensprung kann den Tieren allerdings zum Verhängnis werden – wenn sich ein Krabbenkutter nähert, der ein auf großen Rollen befestigtes Netz über den Grund zieht. Schurrende Laute, Rumpeln, Schwingungen, die sich im Wasser gut übertragen, lassen die Garnelen in ihren Verstecken zusammenfahren und sofort nach oben schießen. Wo sie sich im Netz wiederfinden.

### 8. SIE VERSCHWINDET MANCHMAL SPURLOS.

Alle paar Jahre kommt es zu einem rätselhaften Phänomen: Das Wattenmeer scheint wie leer gefegt von *Crangon crangon*. Im folgenden Jahr tauchen die Garnelen wieder zu Millionen auf. Lange haben weder Fischer noch Forscher dieses Kuriosum verstanden. „Wenn ich im Winter in die Wolken gucke, weiß ich, ob sie wiederkommen", behauptet der Fischereibiologe Thomas Neudecker. Er glaubt, den Grund für das zeitweilige Verschwinden gefunden zu haben: Wenn ein warmer Winter mit viel Westwind die Nordsee kaum abkühlt, sind die Tiere in der folgenden Saison weg. Neudecker vermutet, dass dann die im Winter geschlüpften Larven durch Strömungsveränderungen fortgespült worden sind. Wichtiger noch: In lauen Wintern sind mehr feindliche Fische unterwegs, die sonst bei Eiseskälte abwandern oder erfrieren. Denn nach frostigen Wintern mit Ostwindlagen sind die Garnelen wieder da. 2008 wird also voraussichtlich ein schlechtes Jahr für die Fischer.

### 9. SIE TREIBT ERFINDER IN DEN WAHNSINN.

Keine Garnele gleicht der anderen: Die eine ist hart, die nächste weich, krumm oder gestreckt, ausgewachsen oder zwergenhaft... Für geübte Fischerfrauen, die früher in Heimarbeit Garnelen „pulten", stellte das kein großes Problem dar. Der Versuch, eine Krabbenpulmaschine zu bauen, hat dagegen manchen Erfinder nicht nur fast in den Wahnsinn, sondern auch in den Ruin getrieben. Der Fabrikant Rudolf Baader soll, nach verzweifelten Experimenten, auf dem Sterbebett seinen Söhnen das Versprechen abgenommen haben, von der Entwicklung einer Krabbenpulmaschine fortan die Finger zu lassen. Der niedersächsische Fischhändler Alwin Kocken, genannt „Panzerknacker vom Nordseedeich", wollte die störrischen Tiere mit Druckluft aus den Schalen pusten und ließ am

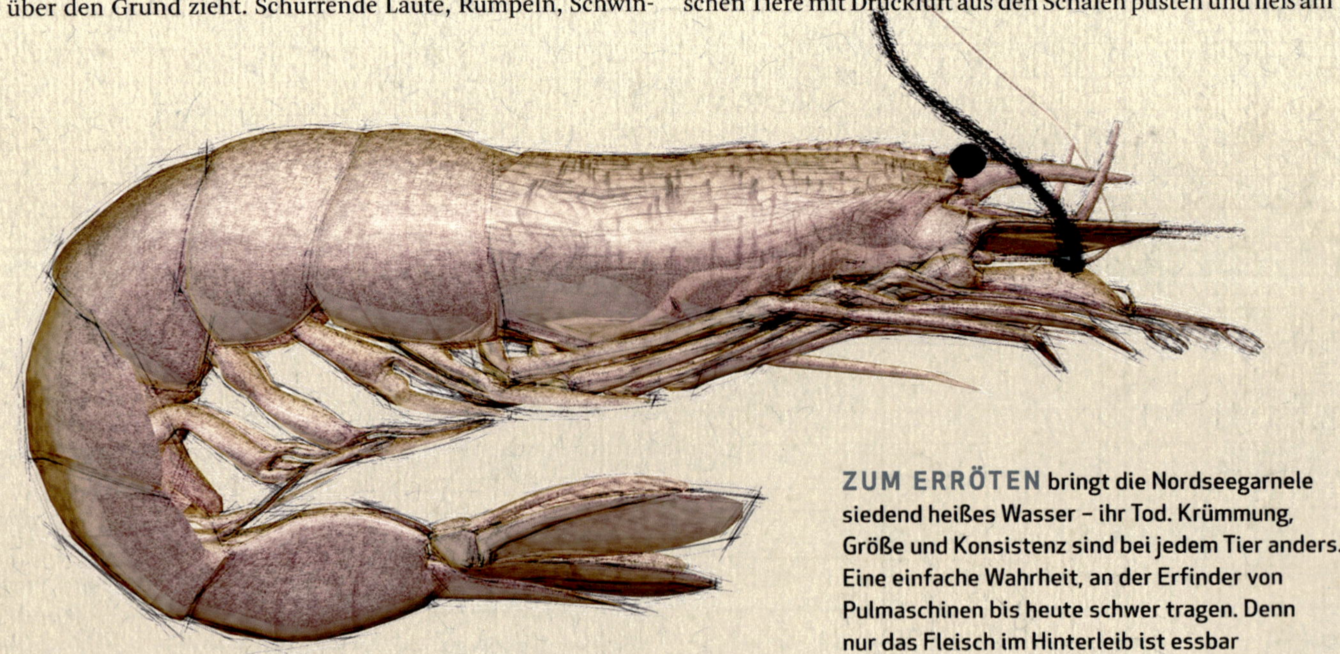

**ZUM ERRÖTEN** bringt die Nordseegarnele siedend heißes Wasser – ihr Tod. Krümmung, Größe und Konsistenz sind bei jedem Tier anders. Eine einfache Wahrheit, an der Erfinder von Pulmaschinen bis heute schwer tragen. Denn nur das Fleisch im Hinterleib ist essbar

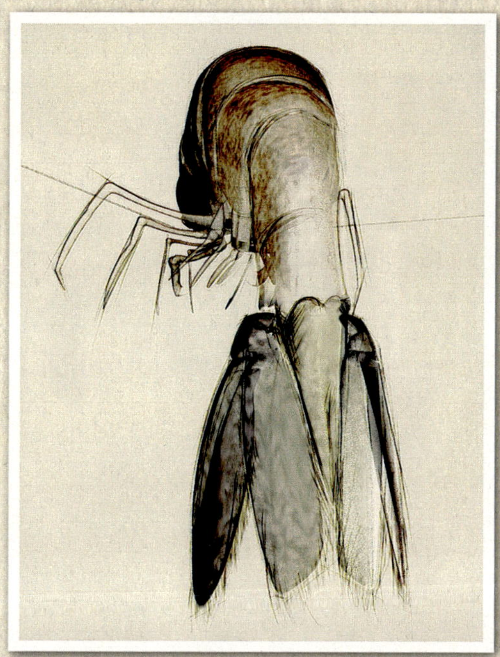

**DER SCHWANZFÄCHER** ist dem Tier Rettung und Verhängnis zugleich. Durch ihn sind bei Gefahr blitzschnelle Sprünge möglich – die oft in Fangnetzen von Krabbenkuttern enden

Ende doch wieder von Hand pulen. Alfred Urthel aus Friedrichskoog setzt auf Maschinen, die dem Garnelenpanzer mit winzigen Kreissägen zu Leibe rücken. Bis heute ist es jedoch nicht gelungen, eine leistungsfähige Maschine zu konstruieren, die die Garnelen weder in Matsch verwandelt noch nur halb geschält ausspuckt.

**10. SIE REISEN NACH IHREM TOD.**
Vor der deutschen Nordseeküste werden jährlich rund 10 000 Tonnen Garnelen gefangen. Ihr Leben hauchen sie gleich an Bord der Krabbenkutter aus, wo man sie in großen Bottichen kocht. Nur der kleinste Teil wird anschließend noch an der Küste gepult. Zu Lebzeiten recht ortsgebunden, gehen die Zehnfüßer nach ihrem Tod auf große Reise: In Kühllastwagen der holländischen Firmen Heiploeg und Klaas Puul, die den europäischen Garnelen-Markt beherrschen, werden sie nach Marokko gefahren. Dort pulen in sterilen Hallen bis zu 5000 Frauen im Akkord, für einen Stundenlohn im Eurocent-Bereich. Drei Kilogramm ungeschälter Garnelen ergeben ein Kilogramm „Fleisch"; die besten Frauen liefern neun am Tag ab. In Konservierungsmittel eingelegt, kehrt *Crangon crangon* wenig später zurück nach Europa. Wenn die Garnelen an der Nordseeküste, mit Rührei, an Scholle oder in Mayonnaise, auf den Teller kommen, haben sie mehr als 5000 Kilometer hinter sich. ■

Illustrator **Tim Wehrmann**, 33, beschäftigte sich zwei Wochen mit *Crangon crangon*, um alle Einzelheiten des Tieres wiedergeben zu können. Während dieser Zeit lagerten drei Exemplare in seinem Kühlschrank.

# Nicht ohne meine

**Waterkant nennen die Menschen an der Nordsee liebevoll ihre Küste. Hier, an ganz eigenen Rhythmus. Acht Küstenbewohner mit ungewöhnlichen Berufen erzählen,**

## DER WASSERWANDERER

Knud Knudsen, 53, ist Deutschlands einziger Wattpostbote und lebt auf Pellworm

**SEIT SIEBEN JAHREN** bringe ich zweimal pro Woche die Post von Pellworm zur Hallig Süderoog – anderthalb Stunden hin, anderthalb Stunden zurück, sechseinhalb Kilometer pro Strecke. Wann genau ich losgehe, richtet sich nach dem Tideplan. Aber auch bei Ebbe sind einige Priele so tief, dass mir das Wasser bis zu den Oberschenkeln reicht. Am besten, man hebt die Füße beim Laufen nicht zu hoch, sondern schiebt das Wasser vor sich her. Dann spritzt es nicht so. Das habe ich mit der Zeit ausgetüftelt.

Ich würde auch für einen einzigen Brief die drei Stunden laufen, aber meistens bringe ich den beiden Halligbewohnern Gudrun und Hermann Matthiesen noch Brot, Butter oder Milch mit. Dafür bekomme ich immer etwas zur Stärkung: ein Marmeladenbrot, eine heiße Suppe, je nachdem. Das Schönste aber ist, dass wir zusammensitzen und darüber schnacken, was es Neues gibt. Leider ist die Stunde auf der Hallig jedes Mal schnell um. Dann muss ich wieder los, weil die Flut keine Rücksicht nimmt.

Mein eigentlicher Beruf ist ja im Küstenschutz. Und wegen des Geldes bin ich sicher nicht Wattpostbote geworden. Nach Abzügen bleiben gerade fünf Euro die Stunde. Aber ich bin gern draußen, und die Muster im Schlick sind jeden Tag anders. Manchmal denke ich, dass ich eigentlich ein Karibik-Kind bin, weil ich bis November barfuß und in Shorts unterwegs bin. Erst wenn der Frost kommt, wärmt mich eine Wathose. Vielleicht übertreibe ich es mit meinem Ehrgeiz, aber das ist gut zur Abhärtung. Ich kann mich nicht erinnern, wann ich das letzte Mal krank gewesen bin. Mittlerweile spüre ich nicht einmal mehr die Muschelfelder unter meinen Füßen, die am Anfang höllisch wehtaten.

Ich mag halt nicht, was alle machen. Bin ein Eigenbrötler, aber kein Einzelgänger. Denn mit Menschen komme ich gut aus. →

# See

FOTOS ¬ **ANDREAS TEICHMANN** PROTOKOLLE ¬ **LENA WESSOLLEK**

der unbeständigen Grenze zwischen Land und Meer, folgen Leben und Arbeit einem
wie die See sie inspiriert, antreibt, einschränkt und immer wieder neu herausfordert

# DIE WOLKENEXPERTIN

Hanna Sönksen, 55, arbeitet seit 37 Jahren beim Deutschen Wetterdienst in St. Peter-Ording

**BEVOR ICH MEINE WÄSCHE AUF DIE LEINE IM GARTEN HÄNGE,** werfe ich meist noch einen Blick auf das Niederschlagsradar. Manchmal passiert es auch, dass ich morgens beim Bäcker stehe und mich ein Nachbar fragt: „Hanna, wir wollen grillen. Wie wird das Wetter?" Wenn ich auf dem aktuellen Stand bin, gebe ich gern Auskunft. Mein Arbeitsplatz, die Wetterwarte, liegt in den Dünen von St. Peter-Ording, von meinem Schreibtisch aus sehe ich den Strand und das Meer, bei guter Fernsicht sogar meine Heimatinsel Pellworm.

Während meiner zwölfstündigen Schichten bin ich allein. Aber einsam fühle ich mich nie. Ich muss das Wettergeschehen beobachten, etwa Wolken klassifizieren oder Sichtweiten schätzen. Im Moment zeigt das Wolkenbild eine Schichtbewölkung, die man Stratocumulus nennt. Darunter hat sich Quellbewölkung, Cumulus, gebildet. Solche Daten schicke ich an den Großrechner in Offenbach. Dort werden Wetterkarten gedruckt, die den Meteorologen zur Vorhersage dienen. Als ich vor 37 Jahren anfing, wurden die Karten noch per Hand gezeichnet: mit Bleistift und Radiergummi! Sobald ich freihabe, fahre ich nach Pellworm. Jedenfalls so bald es geht. Denn als Insulaner ist man abhängig von Ebbe und Flut. Angekommen, setze ich mich auf die Bank vor meinem Reetdachhaus. Ich brauche die Weite, um atmen zu können.

## DER FILMFLIEGER

**Jan-Lüppen Brunzema, 55, ist Chef des Luftverkehrs Friesland-Harle und transportiert Kinofilme zwischen den norddeutschen Inseln**

**EIN GROSSER KINOGÄNGER BIN ICH NICHT.** Was ich aus Hollywood mitkriege, sind vor allem die Filmrollen in ihren achteckigen Aluminiumboxen. Obwohl, ein bisschen Filmerfahrung habe ich durchaus: In der Dokumentation „Sturmflut" habe ich mich 1993 selbst gespielt. Ansonsten kümmere ich mich lieber darum, dass die Filme dreimal in der Woche zwischen den norddeutschen Inseln ausgetauscht werden. Wenn ein Film in die Kinos kommt, muss er eine Mindestanzahl von Wochen gespielt werden, sonst rückt ihn der Verleih gar nicht erst heraus. Darum geben die Betreiber der Inselkinos die Kopien untereinander weiter. Der Handschlagvertrag, den ich 1980 für diesen Spezialauftrag geschlossen habe, gilt heute noch.

Vom Flugplatz Harle aus fliegen meine Kollegen und ich bis zu zehn Filme mit einer einmotorigen Cessna 172. Laut Lieferplan sollen „Von Frau zu Frau" und „Fantastic Four II" jetzt erst einmal nach Baltrum, dann weiter nach Borkum, Juist, Langeoog, Wangerooge, Pellworm und Föhr bis nach Fehmarn. Außer, dass manchmal Rehe auf der Landebahn herumstehen, gibt es keine Zwischenfälle. Von den Inselflugplätzen holen die Kinovorführer ihre Filmrollen mit dem Auto, der Kutsche oder einem Lastenfahrrad ab. Die Rollen zum Kino zu tragen, ist nicht: Besonders die Hollywood-Streifen sind schwere Brocken, manche wiegen 50 Kilogramm.

Auch wenn ich die Strecken schon tausendmal geflogen bin, beobachte ich immer wieder Neues. Etwa, wie auf der Sandbank Kachelotplate ein Dünenansatz entsteht oder die Insel Lütje Hörn langsam schrumpft. Ich bin in all den Berufsjahren schon über Grönland bis zur Antilleninsel Curaçao geflogen, aber eine besondere Verbindung zur Natur spüre ich nur hier. Vielleicht muss man in Friesland geboren sein, um das zu verstehen. →

**Mein Arbeitsplatz** sieht jeden Tag anders aus. Manchmal stehen Bagger und Mähdrescher dort, dann Walzen und Autokräne, Busse ohne Motoren oder auf Trailern verzurrte Granitblöcke: Seit drei Jahren fahre ich für die BLG Logistics, Bereich „High and Heavy", in Bremerhaven die sogenannten Großgüter auf Frachtschiffe, monströse Gefährte, die ich über eine Rampe an Bord der Sea-Car-Carriers bringe, der großen Lastkähne. Dort lotst mich ein Einweiser auf den festgelegten Platz. Von wegen Frauen können nicht einparken!

Unter meinen etwa 120 Kollegen bin ich die einzige Frau. Natürlich herrscht mal ein rauerer Ton, aber das hat mich nie gestört. Im Gegenteil. Sobald ich meinen Blaumann überziehe, können die Jungs ihre Sprüche machen – ich fühle mich wohl. Am Anfang haben mir die Kollegen dauernd Hilfe angeboten, bis sie gemerkt haben, dass mir das gar nicht behagt. Wenn ich wirklich nicht allein klarkomme, sage ich Bescheid. Aber das muss von mir ausgehen.

Ich hatte schon immer ein Faible für den Hafen, das Wasser und die Schiffe. Aufgewachsen bin ich in Bremerhaven und hatte nie das Bedürfnis wegzugehen. Früher habe ich sogar eine Weile Fischbrötchen verkauft, so wie sich das für ein richtiges Nordlicht gehört. Dann kam eine Ausbildung zur Hafenfacharbeiterin, während der ich Unmengen von Personenwagen auf Schiffen parken musste. Aber mit Autos hatte ich nie viel am Hut, mich faszinieren die richtig großen Fahrzeuge.

Wenn ich Leute kennenlerne und von meinem Beruf erzähle, spüre ich bei Frauen Interesse und Anerkennung. Männer sind skeptisch. Viele glauben, dass eine Frau, die so einen Job macht, in ihrer Freizeit Beton mischt. Wenn die wüssten, dass ich nach Feierabend gern im Garten arbeite, um abzuschalten! Sie wären enttäuscht.

## DIE FRAU FÜRS GROSSE

Bianca Garre, 42, ist Fahrerin im Autoterminal Bremerhaven

## DIE TURMHERRIN

Antje Göttsche, 37, vermietet sieben Zimmer im Leuchtturm Neuwerk

**AUF NEUWERK WOHNEN ETWA 40 LEUTE,** da sollte man miteinander auskommen wollen. Die Insel ist nur drei Quadratkilometer groß, da kann sich sowieso niemand aus dem Weg gehen. Von Neuwerk zum Festland dauert es anderthalb Stunden mit der Fähre, der Wattwagen bei Ebbe braucht eine Stunde. Wenn mir der Sinn nach Bummeln steht, fahre ich mit dem Wagen rüber nach Sahlenburg. Beim vorletzten Priel rufe ich mir immer ein Taxi, das mich vom Deich direkt in die Cuxhavener Innenstadt bringt. Vieles bestelle ich auch im Internet oder per Telefon, aber das geht schon mal schief. Gerade kam eine komplett falsche Lieferung vom Großhandel: 15 Kilogramm Rosinen statt einem. Der erste Rosinenkuchen ist schon im Ofen, aber für den Rest muss ich mir etwas einfallen lassen.

Seit ich vor 14 Jahren den uralten Turm gepachtet habe, ein Gemäuer aus dem Jahr 1310, lebe ich mit offener Tür. Die Pensionsgäste müssen nämlich durch unsere Wohnung laufen, wenn sie zu ihren Zimmern in den oberen Stockwerken wollen. Da steht öfter jemand in meiner Küche, der sich verlaufen hat. Gestern Abend wollte ich ganz in Ruhe mit Mann und Sohn fernsehen, aber dauernd kam ein Gast dazwischen. Anfangs glaubte ich oft, im Zoo zu sein. Aber das ist Gewohnheitssache. Nur die vielen Treppenstufen machen mich nach wie vor verrückt: 138 sind es bis ganz oben.

Manchmal erzählen mir Gäste auch, dass sie in einer Stadt wie New York leben möchten. Unbegreiflich! Ich habe einmal für zwei Jahre in Itzehoe gewohnt, das war mir schon zu anstrengend. Wenn Ende Oktober die Saison vorbei ist, ziehe ich deshalb nach Puls in Schleswig-Holstein. Das ist zwar auch ein ganz kleines Nest, nur 600 Einwohner. Aber nirgendwo ist es so ruhig wie in meinem Turm. Egal aus welchem der oberen Fenster ich schaue, ich sehe immer das Meer. →

## DIE TRADITIONALISTEN

Jan Gerjet Erich Bültjer (li.), 50, führt mit seinem Bruder Gerjet Hinderk in vierter Generation die Bültjer-Werft in Ditzum

**MAN KÖNNTE DENKEN,** außer Gerjet, Hinderk und Jan sind unseren Vorfahren keine Namen für ihre Söhne eingefallen. Unser Vater hieß Hinderk Gerjet, unser Großvater Jan und dessen Bruder Gerjet Hinderk. Das Weitergeben der Vornamen hat bei uns einfach Tradition. Ich bin froh, dass meine Frau die Geschichte der Bültjer-Werft seit 1899 rekonstruiert hat, sonst käme selbst ich mit den Namen in den Tüdel.

In unserer Familie hat sich stets alles um Schiffe gedreht. Von meinen drei Jungs hatte aber nur Gerjet Hinderk junior Lust dazu, in den Betrieb einzusteigen. Ehrlich gesagt, das reicht mir auch mit dem Familienklüngel. Mein jüngerer Bruder Gerjet Hinderk senior kümmert sich um die Buchführung. Mir liegt der Fisselkram nicht; ich baue am liebsten Außenplanken ein oder lege Decksbalken, weil sich Holz gut verarbeiten lässt. Es ist schön anzusehen, und ich mag den Geruch.

Ich würde mir wünschen, dass wir in unserer Werft beim Stapellauf öfter ein ganz neues Schiff zu Wasser lassen könnten, aber das passiert leider sehr selten. Hauptsächlich reparieren wir alte Holzkutter und Yachten. Manche davon sind richtige Oldtimer. Im Moment haben wir einen Dampfsegler des englischen Königshauses aus dem Jahr 1898 hier liegen. So ein Prachtstück wieder flottzumachen, ist eine große Sache. An alten Schiffen hängt einfach das Herz – und sie haben auch eine Seele. Einmal wollte ein neuer Besitzer einem alten Boot einen anderen Namen verpassen. Aber das geht nicht! Ein Kind kann man doch auch nicht einfach umbenennen.

**WASSER, SCHIFFE UND KÜSTEN SIND MEIN LEBEN,** deshalb male ich sie. Welche Motive sollte ich mir sonst suchen? In meiner Familie väterlicherseits fuhren die Männer zur See. Darum bin ich mit all ihren spannenden Geschichten groß geworden. Für mich war klar, dass auch ich Seemann werden möchte, weil es den Inbegriff von Abenteuer bedeutete. Das Schlafen in der Koje und das beruhigende Schwanken an Bord habe ich schon als kleiner Junge geliebt. Das Gefühl, auf See zu sein, war meine Welt. Ich habe Pädagogik studiert, aber auch in den Jahren als Lehrer bin ich immer wieder in Richtung Schifffahrt ausgebüxt.

Seit 30 Jahren male ich nun professionell. Thematisch rankt sich alles um das Wasser – im Grunde aber geht es um den Lebenssinn. Denn Wasser verkörpert die permanente Veränderung. Was die bildende Kunst betrifft, bin ich vor allem von den kritischen und magischen Realisten geprägt, von der Neuen Sachlichkeit der 1920er Jahre und von den Realisten der niederländischen Tradition. Initialzündungen aber gingen von Schriftstellern wie Joseph Conrad oder Herman Melville aus. Kurz: Ich würde nie einen idyllischen Traumstrand in der Karibik malen, es muss immer das Raue sein. Denn das Meer hat auch etwas Gnadenloses. Außenstehende empfinden meine Bilder oft als düster. Ich sehe sie als Versuch einer ernsthaften Auseinandersetzung mit dem Leben.

Die Nähe zum Meer ist für mich existenziell geblieben. Meine Frau und ich wohnen seit 27 Jahren direkt am Wasser, vom Atelier bis zum Deich sind es 20 Meter. Das Bedürfnis, zur See zu fahren, ist aber im Laufe der Jahre schwächer geworden. Jetzt lebe ich es in der Malerei aus. Manchmal sind die inneren Reisen sowieso die spannendsten. →

## DER KÜSTENKÜNSTLER

Hermann Buß, 57, arbeitet als Maler in Norden und setzt sich künstlerisch mit dem Thema Wasser auseinander

# DIE SEEHUND-FLÜSTERIN

Anne-Kathrin Jüngst, 27, ist Tierpflegerin auf der Seehundstation Nationalpark-Haus in Norden-Norddeich

**MANCHMAL BIN ICH** ganz erschrocken darüber, wie wenig die Menschen über Seehunde wissen. Wir erleben immer wieder, dass Touristen über Sandbänke spazieren, auf denen Mütter ihre Kleinen säugen. Die Leute machen Nahaufnahmen mit ihren Handys, fassen die Heuler sogar an. Jungtiere verlieren viel Energie, wenn sie flüchten oder beim Trinken gestört werden. Und manche Mütter verstoßen ihr Junges, weil sie es nicht mehr am Geruch erkennen. Seehunde sind Raubtiere. Die wollen nicht geknuddelt werden!

Es war mein Wunsch, Tierpflegerin zu werden. Menschen sind häufig nicht sehr nett zu Tieren, und so kann ich dies durch meine Arbeit ein bisschen wiedergutmachen. Ich versuche, Stationsbesuchern Respekt vor der Natur zu vermitteln. In einem gewöhnlichen Zoo zu arbeiten, kam für mich nie infrage. Auch wenn es die Tiere dort vergleichsweise gut haben, ist ihre Zukunft trostlos. Unsere Seehunde haben ein Leben als Wildtiere vor sich!

Jedes Jahr im Juni werden die ersten verwaisten Seehundbabys zur Station gebracht. Wir füttern sie anfangs über eine Magensonde mit einer Mischung aus abgekochtem Wasser, Haferschleim, Vitaminen, Mineralstoffen und Muttermilchersatz. Die Fütterung scheint zuerst unangenehm, aber nach dem zweiten Mal reißen sich die Heuler darum, den Schlauch schlucken zu dürfen. Der Moment, wenn wir die Seehunde nach acht bis elf Wochen wieder aussetzen, ist unbeschreiblich. Ich bin nie traurig, dass uns ein Tier verlässt, ich freue mich über jedes, das draußen ist. Wenn ich die Seehunde in die Freiheit schwimmen sehe, weiß ich, wofür ich meine Kraft eingesetzt habe. ■

Als Fotograf **Andreas Teichmann**, 37, Knud Knudsen am Telefon fragte, wie er ihn am Treffpunkt erkennen könne, sagte dieser nur: „Ich bin der mit dem nackten Oberkörper." Im Watt musste Teichmann sich dann beeilen: Der Postbote hatte wenig Zeit, weil er noch ein Brautpaar samt Standesbeamten zur Trauung nach Süderoog führen musste. Autorin **Lena Wessollek**, 29, war besonders von der Direktheit der Menschen beeindruckt – und davon, wie taub sich Füße nach einem Gang durchs eisige Watt anfühlen können.

# AUF WALKAMPF

Als sie im 17. Jahrhundert auf den Inseln und Halligen kein Auskommen mehr finden, suchen immer mehr Friesen ihr Glück im Walfang. Jedes Frühjahr ziehen sie in den arktischen Ozean – und wissen nie, ob sie reich zurückkehren werden oder gar nicht

TEXT ¬ **CHRISTIAN STAAS**

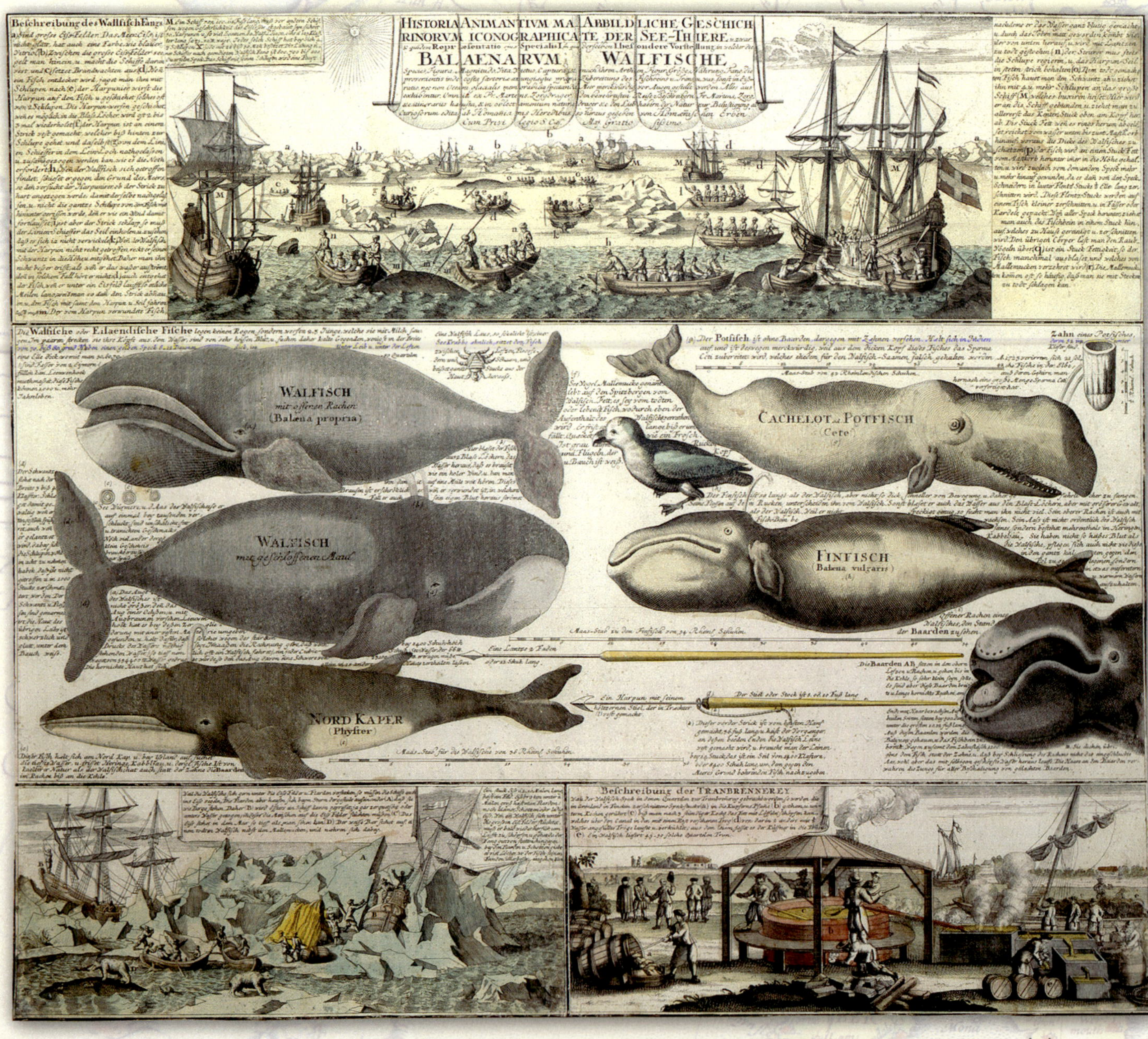


Die Welt der Walfänger um 1750: Dutzende Schiffe drängen sich in den Fanggründen nördlich des Polarkreises (o.). Unglücklich, wer ins Packeis gerät (u. li.). Glücklich, wer Tonnen von Speck (u. re.) nach Hause bringt

Gott Vater, der du im Anfang die Wasser, samt den Fischen, insbesondere auch die großen Walfische, zu deinem Lob erschaffen, wir bitten dich, lieber frommer Vater, beweise auch hier deine wundersame Güte an uns. Lass uns diese großen Geschöpfe zu deinem Ruhm und unserm Nutzen glücklich fangen

Aus einem Gebet der Grönlandfahrer, nach dem Amrumer Walfänger Rörd Knudten

»Grönlandfahrer« nannte man die Walfänger – ein Irrtum, der auf lückenhaften Karten beruhte. Denn sie kreuzten vor Spitzbergen, das auf der Radierung von 1595 noch fehlt

**HOCH WÖLBT SICH DER HIMMEL,** ein steter Wind greift in die Segel, immer weiter treibt er die „De Stadt Zwolle" ins arktische Nichts. Das Schiff, drei Masten, wohl 26 Meter lang, pflügt schon seit Wochen seine schäumende Bahn. Eisluft schneidet über sein Deck, schluckt jeden Laut, doch dann brüllt aus dem Ausguck jemand die erlösenden Worte: Wal, Wal, da bläst er!

Und tatsächlich: Rauschend bricht der Kopf eines Grönlandwals durch die Wellen, stößt seinen Atemstrahl hoch in die Luft; bald ist das Tier von Deck aus klar zu sehen, wo die Besatzung sich rasch versammelt. Männer, angespannt die Muskeln, zwischen ihnen, Köpfe kleiner als der Rest, ein Junge: Jens Jacob Eschels ist sein Name, elf Jahre ist er alt, zum ersten Mal auf Jagd im Eismeer, zum ersten Mal sieht er ein Ungetüm wie dieses.

„Die Schaluppen abfieren", befiehlt der Kommandeur. Eilig lassen die Matrosen sie zu Wasser, schmale Boote für die Harpuniere, Steuerleute, Ruderer, sechs Mann pro Schaluppe. Auf ihn!

Und als ahne der Wal, was geschehen wird, beschreibt er einen Bogen durchs Wasser, streckt dann die Schwanzflosse gen Himmel, umsprüht von weißer Gischt.

Da taucht er! Gebannt verfolgt Jens Jacob, wie die Männer, angefeuert vom Gebrüll des Steuermanns, die Ruderblätter in die Wogen schlagen. Ihre Schaluppen: Nussschalen, verglichen mit dem Leib des Opfers. Im Bug knien die Harpuniere, das widerhakig scharfe Eisen haben sie wurfbereit. Wie oft hat Jens Jacob die Männer auf Föhr von diesem Abenteuer erzählen hören! Nun ist er selbst dabei, auf hoher See, jenseits des Polarkreises.

Der Föhrer Jens Jacob Eschels beschrieb eindrucksvoll, wie er als Junge ins Nordmeer fuhr

**BEREITS IM HERBST DES VORJAHRS,** 1768, hatte er seine Mutter gebeten, bei Kommandeur Martin Knudten um eine Heuer für ihn vorzusprechen. „Gehe du selbst hin", hatte die Mutter geantwortet und gehofft, der Sohn würde es nicht wagen und noch einen Sommer lang zu Hause bleiben bei ihr und den beiden Geschwistern, ihr beim Leinenweben zur Hand gehen, die Schafe hüten.

Doch der Wunsch des Jungen war größer als seine Angst. Die meisten Männer von Föhr gingen auf Walfang, um die 1200 Seeleute jedes Jahr, Jens Jacobs Vater ebenso wie einst sein Groß-, sein Ur-, sein Ururgroßvater. Und nun machte auch er sich auf den Weg zu Martin Knudten.

„Weil ich bange war, der Commandeur möchte mich noch zu klein finden, zog ich zwei Paar Strümpfe, drei Hosen und drei Futterhemden an, damit ich doch etwas dicker und männlicher aussehen möchte", schreibt Eschels Jahrzehnte später in seinen Lebenserinnerungen. Doch die Sorgen erwiesen sich als unbegründet: Knudten klopfte ihm auf die Schulter und sicherte ihm eine Stelle zu.

Anfang März 1769 soll Jens Jacob in See stechen, nach der Petritagsfeier am 22. Februar. Denn mit dem Petritag beginnt zu jener Zeit auf Borkum, Föhr, Sylt, Amrum und auf den Halligen der Nordseeküste das Jahr der Walfänger.

Ein letztes Mal stehen die Familien dann beieinander: Frauen, Töchter, Väter, Söhne, bevor die Männer für vier bis sechs Monate ins Nordmeer fahren. Der Widerschein der rituellen Feuer flackert über ihre Gesichter: Sankt Petrus zu Ehren, dem Schutzpatron der Fischer, lodern Holz und Stroh und Heidekraut – eine heilige Verschwendung, ein Zeichen, dass der Winter bald zu Ende geht und der Abschied naht. Frühestens im Spätsommer werden die Männer wieder bei ihren Familien sein. So Gott will.

**DIESER ZYKLUS** aus Trennung, Nordreise und Wiederkehr bestimmte das Leben der Inselfriesen vom frühen 17. bis ins 19. Jahrhundert. 1769 segelte jeder vierte →

In schwankenden Schaluppen rudern die Jäger an den Riesen heran, um ihn zu harpunieren. Ein Schlag seiner Schwanzflosse, und ihre Boote überschlagen sich

## DIE WALE LIEFERN TRAN FÜR LAMPEN UND FISCHBEIN FÜR KORSETTS

Nordfriese in die Breitengrade des hohen Nordens. So war es mehr als 200 Jahre lang; 200 Jahre, die Wohlstand und Ansehen brachten und als Goldenes Zeitalter in die nordfriesische Geschichte eingegangen sind.

Umso düsterer ist die Vorgeschichte. Von Not und bitterer Armut handelt sie, denn Hunger und Entbehrung zwangen die Friesen zu ihrem abenteuerlichen Glück. Zuerst verschwanden um die Mitte des 16. Jahrhunderts die Heringe. Die Schwärme aus den Fanggründen um Helgoland blieben von einem Jahr aufs andere aus, Ursache unbekannt. Jahrhundertelang hatten die Friesen vom Fischfang gelebt. Nun liefen sie mit leeren Netzen in ihre Häfen ein.

Was blieb, waren die Landwirtschaft und das Salz, das die Inselbewohner aus der Asche des vom Meerwasser durchtränkten Seetorfs kochten. Einst diente es zum Heringspökeln, nun stieg die Salzsiederei zum eigenständigen Gewerbe auf – bis am 11. Oktober 1634 „De grote Mandränke" („Mann-Tränke"), eine schwere Sturmflut, hereinbrach. Dämme barsten. Die fruchtbaren Marschböden und Felder: zerstört. Das Salzsieden: Vergangenheit. Rettung und neuen Aufstieg brachte der Walfang.

**BEREITS UM 1600** hatten niederländische Segler das Eismeer im Norden erkundet. Auf der Suche nach einer Nordostpassage Richtung China drangen sie bis weit jenseits des Polarkreises vor, nach Spitzbergen. Dort sahen sie gewaltige Tiere ihre Bahnen ziehen: Grönlandwale und Nordkaper. Der Traum von der Nordostpassage verblasste, sie wurde nicht gefunden, dafür immenser Reichtum in Form von Tran, gewonnen aus dem Speck der tonnenschweren Meeressäuger.

Auf dem gesamten europäischen Kontinent erleuchtete dieser Stoff bald die wachsenden Städte. Waltran strahlte, entgegen dem abfälligen Wort von der Tranfunzel, heller, als es das gebräuchliche Rüböl und andere Brennstoffe jener Zeit taten. Und nicht nur der Speck versprach den Fängern Profit, sondern auch die Barten des Grönlandwals, die ausgefransten Knochenplatten, die er im Maul trägt, um das Meerwasser nach Nahrung zu durchsieben. Aus dem gleichermaßen festen wie elastischen Material, dem Fischbein, wurden gefragte Luxusartikel fabriziert: Korsettstangen und Gerüste für Reifröcke, Regen- und Sonnenschirmgestelle, Hutschachteln und Peitschengriffe. Im Walfang lag die Zukunft.

Hunderte Schiffe gingen bald auf Grönlandfahrt, wie es damals hieß (irrtümlicherweise hielt man Spitzbergen für einen Teil Grönlands – so wie den Wal für einen Fisch!). Dänen und Franzosen, Engländer, Niederländer und die Bewohner der Hansestädte: Jeder wollte seinen Teil. Zeitweise entbrannte ein regelrechter Trankrieg auf der Nordsee, und Kaperschiffe raubten Walfängern die Beute.

Die Friesen, bekannt für ihr nautisches Geschick und ihre robuste Natur, stiegen rasch in das neue Geschäft ein und profilierten sich binnen weniger Jahre. Von unbedeutenden Versuchen wie in Husum abgesehen, schickten sie allerdings keine eigenen Flotten auf See: Lieber heuerten sie auf den Schiffen der im Walfang lange Zeit führenden Niederländer an – erst in niederen Positionen, bald aber auch als Harpuniere und Kommandeure.

**WENIGE TAGE NACH DEN PETRIFEUERN** betritt 1769 auch Jens Jacob Eschels, in Begleitung eines Onkels, das Deck eines kleinen Transportseglers, der ihn in die niederländische Metropole Amsterdam bringt. Dort liegen sie vertäut, die großen Dreimaster, von ihren Reedern umgerüstet, um den Widrigkeiten der Eissee zu trotzen – am Bug doppelt, mitunter dreifach eichenverplankt, damit sie durchs Packeis stoßen können, die Spitzen eisenverstärkt, die Namen mitunter gottgefällig: „St. Johannes der Täufer", „König David", „Jonas im Walfisch".

Eschels bringt sein Bündel an Bord der „De Stadt Zwolle" – erst kurz zuvor hat er mit Schrecken erfahren, dass sein Onkel auf einem anderen Schiff dienen wird. Allein ist er nun unter fremden Männern, zwar überwiegend Nordfriesen, denn die Kommandeure stellen ihre Mannschaften selbst zusammen und geben Verwandten und Freunden den Vor-

Aus Walknochen entsteht kostbare Schnitzerei, aber auch Profanes wie dieser Garnwickel

tritt, hier aber ist ihm keiner bekannt außer Martin Knudten, dem ersten Mann an Bord.

Auf der „De Stadt Zwolle“ herrscht furchtbare Enge. Wie die meisten Walfänger ist auch dieses Schiff einst für Handelsfahrten gezimmert worden und bietet bequem Platz für zwölf Personen – nicht aber für 45, wie auf Walfangschiffen üblich. Jens Jacob schuftet unter Deck, am Fußende der Hierarchie. Er muss die hölzerne Schüssel, die Back, in der die Männer ihre einfachen Erbsengerichte bekommen, sauber ausschaben und leer essen. Das „Gelbeerbsen-Backschrapen“ ist seine Pflicht und Kost. Außerdem hat er den Tisch für die Offiziere einzudecken. Jens Jacob stellt sich geschickt an, er ist fleißig und zuverlässig. Nur die Erbsen sind ihm bald zuwider.

**GEWISS WIRD ER MANCHES GEBET** im Stillen gesprochen haben, kennt er doch die Geschichten der Seeleute: Erzählungen von Walen, die mit einem Hieb ihrer Schwanzflosse Schaluppen zertrümmern. Geschichten von Krankheit und Plagen: von der Krätze, „Grönländische Finger“ genannt, vom gefürchteten Skorbut, gegen den das vitaminreiche Löffelkraut hilft, das auf Spitzbergen gedeiht. Geschichten von treibenden Eisbergen, die schon manches Walfangschiff versenkt haben. „Wenn ich dann aber bedachte, es ist ja dein freier Wille gewesen …“ – dann reißt Jens Jacob sich zusammen, „obschon ich die ersten Tage an Heimweh litt und manchmal heimlich weinte“.

Tage, Wochen, in denen Eschels wohl wünscht, es wäre schon August. Oft hat er erlebt, wie die Waljäger dann heimkehren. Die Wiedersehensfreude! Den Stolz der Männer, die ihren Verdienst, ihre Geschenke präsentieren: Holländerkäse und Schinken. Und als gelte es, den Sommer nachzuholen, wird das Inselleben dann turbulent, zumal die ledigen Männer nun die Zeit bis zum nächsten Abschied nutzen, eine junge Frau für sich zu finden. Nicht selten müssen die Pfarrer bis zu zehn und mehr Paare gleichzeitig trauen.

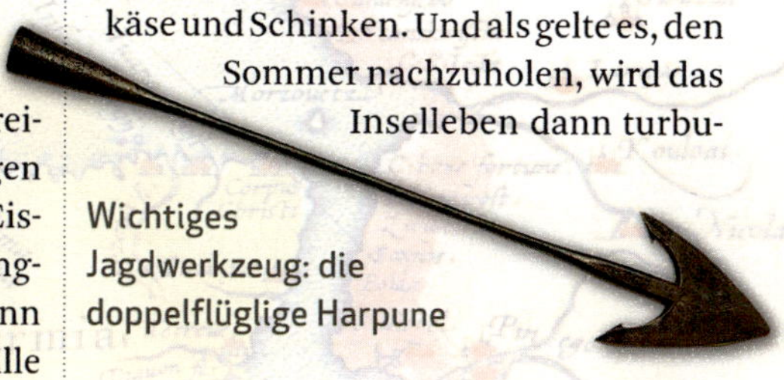

Wichtiges Jagdwerkzeug: die doppelflüglige Harpune

Wäre es doch schon August! Stattdessen: bange Anspannung Tag um Tag. Wochenlang ist die „De Stadt Zwolle“ unterwegs, bis sie die Fanggründe erreicht. Wie mit Händen ist es zu greifen, das zugleich erwartungsvolle und angsterfüllte Hoffen der Männer. Würden sie einen guten Fang heimbringen?

Niederschmetternd ist für die Besatzung, wenn ihr Schiff „schoon“, leer, zurückkommt. Vor allem die höheren Ränge werden von „Partfahrern“ bekleidet: Kommandeur, Harpuniere, Speckschneider, Steuermänner, deren Verdienst sich nach der Höhe des Gewinns richtet – so verringern die Reeder ihr Risiko. Der kleine Eschels verdient ohnehin nur eine Handvoll Gulden, bei den höheren Männern an Bord aber entscheidet der Jagderfolg über Reichtum oder Pleite.

Mancher hat es zu einem Vermögen gebracht. Auch Jens Jacob Eschels Urgroßvater zu Beginn des 17. Jahrhunderts – jener sagenumwobene Matthias, dem seine Jagderfolge nicht nur Reichtum, sondern auch den Beinamen „der Glückliche“ eintrugen. 373 Walen, heißt es, machte er im Laufe seiner 50-jährigen Kommandeurs-Karriere den Garaus.

**IM SCHNITT ETWA 12 000 LITER TRAN** ergibt ein Grönlandwal. Schon wenn die Männer im Ausguck ein Tier zum ersten Mal die Meeresoberfläche brechen sehen, →

Das erlegte Tier steuerbords vertäut, beginnt das »Flensen«: In dicken Streifen schneiden die Seeleute den Speck ab. Er wird zerkleinert unter Deck gelagert

schätzen sie mit kühlem Blick die „Quardeelen“ (rund 232 Liter), die es ihnen am Ende liefern wird.

Und wohl 50 Quardeelen misst der Riese, dessen Verfolgung die Besatzung der „De Stadt Zwolle“ nun aufnimmt. Die Schaluppen abfieren! Auf ihn!

Nun geht es ans Töten. Jens Jacob sieht aus sicherer Ferne, wie die Männer auf wenige Meter an das Tier heranrudern. Schneller! Schon schleudern die Harpuniere ihre Waffen. Die Widerhaken bohren sich tief durch die Haut; im Schmerz wirft sich der Wal herum.

Doch die Seeleute sind „an ihm fest“, Leinen verbinden Boote und Harpunen. Jetzt beginnt, was die Männer in todesverachtender Verharmlosung „Grönländer Schlittenfahrt“ nennen: Der wie ins Geschirr genommene Wal zieht die Boote seiner Häscher rasend übers Wasser. Gott bewahre, dass er unter das Eis abtaucht! Denn bei einem solchen Unglück heißt es: Kappt die Leinen! Sonst reißt das Tier Schaluppe um Schaluppe mit sich in die Tiefe oder lässt die Boote an der Eiskante zerbersten.

Diese Jagd aber gelingt. Das Ziehen wird schwächer, auftauchen muss der Wal, atmen – und dann! Dann setzt es Lanzenstiche, dann wird er totgestochen. Die See färbt sich rot, und der Wal sendet ein Zeichen seines nahen Todes: Er sprüht Blut aus seinen Blaslöchern. „Er

## NACH 150 JAHREN JAGD SIND DIE GOLDMINEN DES NORDENS GEPLÜNDERT

röchelt dann sehr laut“, schreibt Eschels, „und wenn er todt ist, rollt er um auf seinen Rücken.“

Jagd und Töten können Stunden dauern, und Stunden dauert anschließend auch das „Flensen“, wenn der Walkadaver, längsseits am Schiff verschnürt, gepellt wird wie eine Orange. Mit scharfen Spaten ritzen die Männer, auf dem Wal balancierend, tief in die Haut und die dicke Speckschicht, den Blubber.

Ziiiiiieht, Männer! Sie reißen erste Speckstreifen ab. Aus Beibooten reichen Helfer den flensenden Seeleuten grobes Werkzeug. Der Walkopf wird vom Leib getrennt, die wertvollen Barten werden herausgeschnitten und die ölhaltigen Kiefer an Bord gehievt. Dann kommt der Speck in Fässer. Besonders unbeliebt ist dabei die Aufgabe des „Königs“ – ein boshafter Titel für den Mann, der unter Deck muss. Dort steht Majestät bis zum Bauch in zerkleinertem Speck. An diesem Tag machen die Seeleute einen guten Fang. Für kurze Zeit sind sie ausgelassen.

**DOCH DAS GLÜCK** verlässt die „De Stadt Zwolle“, als Eisschollen, erst locker treibend, mit dumpfem Schlag gegen ihren Rumpf stoßen. Dann schieben sie sich übereinander wie zu einem Schuppenpanzer. Packeis umschließt das Schiff.

„Des Nachts von dem 5. auf den 6. Juli“, schreibt Eschels, „fing das Eis an zu drängen, und um 2 Uhr den 6. Juli des Morgens wurde ‚Ueberall!‘ gerufen, das heißt: alle Mann aufs Deck, und die Provision, als: Erbsen, Grütze, Brod, Fleisch, Speck, Butter etc., wurde aufs Eis gebracht, denn das Schiff fing schon an zu krachen.“ Dann kippt die „De Stadt Zwolle“ auf die Seite.

Jens Jacob kann sich aufs Eis hinausretten. In Zelten aus zerschnittenen Segeln überlebt die schiffbrüchige Mannschaft drei Tage auf dem Eisfeld bis die Besatzung der „De Vrauw Anna“, eines anderen Walfangschiffes, die Durchgefrorenen an Bord nimmt. Jens Jacob hat Glück im Unglück: Hunderte Seeleute ließen im Walfang ihr Leben. Der Fang indes ist verloren, unwiederbringlich, über 50 Quardeelen feinster Tran.

Es sollte nicht die letzte „Schoon“-Fahrt bleiben, die Jens Jacob Eschels erleben musste. Und er war auch nicht der Einzige, dem es so erging: Der Walfang, der die Friesen mehr als 100 Jahre zuvor reich gemacht hatte, war zu Eschels Lebzeiten in einem unaufhaltsamen Niedergang begriffen. Zu Tausenden hatten sich die arglosen Wale in den Spitzberger Buchten einst jagen lassen. Dann begannen die Tiere, sich von den Küsten zurückzuziehen; sie suchten Schutz an der Eisgrenze auf hoher See. Immer schwieriger, gefahrvoller wurden dadurch die Jagdabenteuer und immer de-

In Wyk auf Föhr erinnern Blauwal-Kieferknochen an die Zeit der Grönlandfahrer

zimierter die Walbestände. Die „Goldminen des Nordens“ – nach rund 150 Jahren rauschhafter Jagd waren sie geplündert. Allein die Besatzungen der niederländischen Walfänger töteten in den Jahren 1661 bis 1800 rund 67 000 Tiere.

Zeitgleich sank die Nachfrage nach Walprodukten. Die mit Fischbein versteiften Reifröcke kamen aus der Mode; vor allem aber eroberte gegen Mitte des 19. Jahrhunderts ein neues Leuchtmittel den Markt: das aus Erdöl gewonnene Petroleum. Die archaische Waljagd, wie sie die Friesen betrieben hatten, war auf einmal überholt, vorgestrig geworden. Die Inselbewohner standen erneut vor dem Nichts. Doch auch diesmal eröffnete sich ihnen ein Weg aus der Krise: Sie fanden zurück zu Ackerbau und Viehzucht, erwirtschafteten dank moderner Anbau- und Düngetechniken bald höhere Erträge als je zuvor. Und mancher Seefahrer stieg in die Handelsbranche ein. So auch Jens Jacob Eschels. Zuletzt ist er Reeder und Eigner einer Tabakfabrik in Altona, wo er 1842, mit 84 Jahren, stirbt.

Spuren hat die Geschichte der Walfänger auf den friesischen Inseln, auf Borkum, Föhr, Amrum und den Halligen, bis heute hinterlassen. Mancherorts säumen meterhohe Walkiefer den Eingang eines Grundstückes: verwitterte Boten einer so finsteren wie goldglänzenden Vergangenheit. ■

Detailreich und ungeschönt ist Jens Jacob Eschels' „Lebensbeschreibung eines alten Seemannes“ (Convent, 19,90 €) – auf die sich auch Autor **Christian Staas**, 33, bei seiner Zeitreise stützte.

# Die reizende

Das raue Meer, der beständig über die Dünen
aber gerade deshalb heilsam. Warum genau? Ein GEO-Special-Team hat es zu

FOTOS ¬ ANDREAS REEG TEXT ¬ UTE EBERLE

# Küste

streichende Wind – das Klima an der See ist alles andere als mild,
ergründen versucht. In der Fachklinik Satteldüne auf Amrum

Auch Freudensprünge sind Therapie: Bis zu 1,6 Kilometer breit und 11 Kilometer lang ist der Kniepsand von Amrum, der junge Patienten für die Dauer eines Spaziergangs Asthma oder Neurodermitis vergessen lässt

1

2

3

4

DAS KLEINE SCHULHAUS steht unweit des rot geringelten Leuchtturms, der Amrums Nächte in helle und dunkle Sekunden schneidet. Und mitten im Heidekraut der Dünen, das der Wind zum Tanzen bringt. Denn natürlich weht Wind auf Amrum. Drüben am Strand treibt er den Sand in Schlieren über den Boden. Wenn man still steht und den Atem anhält, kann man das leise Klirren der Körner hören.

Im hintersten der vier Klassenzimmer sitzen elf Grundschüler, die weder ihren Schulweg noch ihr Alter teilen. Vivian ist aus Hamburg angereist, Lisa aus Stuttgart, Alexander aus dem Saarland. Und Nico wäre eigentlich schon zwei Klassen weiter als Theodora und Lukas. Nur eines eint die Kinder: Sie sind krank. Katrin hat Mukoviszidose, ein lebensbedrohliches Leiden, bei dem die Lunge mit zähem Schleim verstopft. Nadine schnieft, sobald die ersten Pollen fliegen und kämpft ständig mit irgendeinem Infekt. Nico, Lukas, Vivian, Marie und die meisten anderen sind Asthmatiker. Und genau deshalb sind sie hier: In der Fachklinik Satteldüne, einem Rehazentrum für Kinder mit chronischen Atemwegserkrankungen, Hautleiden oder Essstörungen, das jedes Jahr für rund 2000 junge Patienten vom Säugling bis zum Gymnasiasten Heimat auf Zeit ist. Die meisten bleiben vier, einige sogar sechs Wochen. Lange genug, um eine eigene Schule in der Klinik sinnvoll zu machen.

Tiere sind in der Fachklinik selbst nicht erlaubt, glücklicherweise im nahen Dorf Nebel aber zahlreich anzutreffen

## Die Nordsee ist so widersprüchlich wie ihr Klima. Sie zerstört, und sie heilt

Amrum ist nur 20 Quadratkilometer groß. Flach und grün liegt die Insel ungefähr 20 Kilometer vom Festland entfernt, einer der nördlichsten Außenposten Deutschlands. Entsprechend herb ist das Klima. Ohne Berge oder große Bauten, die ihn bremsen könnten, schneidet der Wind hier mit einer mittleren Geschwindigkeit von gut sieben Metern pro Sekunde (in Berlin kommt er auf knapp vier) über die Dünen oder den bei Touristen so beliebten Kniepsand. An keinem Tag im Jahr ist es völlig windstill.

Jederzeit und übergangslos kann es schütten, als seien im Himmel die Schleusen geöffnet. Und wenn im Winter die Stürme toben, schlägt der Seegang zuweilen derart hoch, dass selbst die massigen Festlandfähren der Wyker Dampfschiffs-Reederei nicht auslaufen. Dort, wo man schwimmt, wird das Wasser auch im Hochsommer selten wärmer als 18 Grad Celsius. Weshalb ein Bad in der Nordsee „praktisch immer einen massiven Kältereiz" bedeutet, wie in einem klimamedizinischen Fachbuch nachzulesen ist.

1 Gemeinsame Leidensgeschichte verbindet, zumal Kuren manchmal so lange wie Sommerferien dauern. 2 + 3 Und gar Klassenfahrten ähneln, jedenfalls wenn es mit Kickboards in die Dünen oder auf den klinikeigenen Spielplatz geht. 4 Behandlungen allerdings – wie diese Atemtherapie für Mukoviszidose-Patienten – nehmen den Großteil des Tages ein

Gleichwohl macht gerade das Wasser das Klima der Nordseeinseln verträglicher, als es viele Wetterlagen des Binnenlandes sind. Weil sich das Meer nur träge aufheizt und abkühlt, schwanken die Temperaturen zwischen Tag und Nacht, Sommer und Winter vergleichsweise wenig. Die durchschnittliche Lufttemperatur der Nordseeinseln liegt im Juli ungefähr drei Grad niedriger als in Berlin, doch im Dezember zwei Grad höher. Die Deutsche Bucht gilt als winterwärmstes Gebiet ihres Breitengrads. Dank des Golfstroms sinkt das Quecksilber hier selten unter den Nullpunkt, während an der gleichauf liegenden Hudson Bay in Kanada die Tiefstwerte regelmäßig auf minus 30 Grad Celsius sacken.

Experten bezeichnen diesen eigentümlichen Mix an der Nordsee als Schon-Reiz-Klima. Widersprüchlich also, wie es die Nordsee selbst ist. Sie zerstört, und sie heilt.

FAST ALLES, WAS DER MENSCH über den Heileffekt des Seeklimas weiß, stammt allerdings aus Studien, die älter als 40 Jahre sind. Gemessen an modernen Untersuchungsstandards, sind deren Probanden nicht repräsentativ, überdies vernachlässigen sie den mittlerweile einkalkulierten Placeboeffekt und stützen sich auf Messmethoden, mit denen Ärzte heute wenig anfangen können. „Aterientonus?", fragt Gerd Hüls, medizinischer Leiter der Rehaklinik Satteldüne: „Der wird doch nicht mit der bloßen Hand gemessen!"

Es ist sieben Uhr morgens, schlaftrunkene Kinder öffnen die breite Glastür der Klinik und trotten ins Freie. Unter ihnen die zehnjährige Lisa aus Friedrichshafen am Bodensee. Eine fast 15-stündige Zugfahrt hat sie mit ihrer Mutter hinter sich bringen müssen, um hier sein zu können. Asthma und diverse Allergien plagen das Mädchen, im Jahr zuvor war es schon zu einer Kur auf Usedom. „Hier oben", sagt Lisa und meint →

1 Nils plagt Neurodermitis – wenn er in der Klinik mit pinkfarbener Tinktur betupft wird, aber weniger als sonst. 2 Auch bei Asthma und Adipositas verschafft Amrum Linderung, zum Beispiel durch Nordic Walking am Strand. 3 Oder, wie bei der kleinen Neurodermitis-Patientin, durch ein Meerwasserbad. 4 Kinder, die an Mukoviszidose leiden, müssen zum Lungentest

das – von ihrer Heimat aus gesehen – andere Ende Deutschlands, „kann ich endlich frei atmen."

Dafür gibt es gute Gründe. Denn soviel ist trotz veralteter Studien gewiss: Die hohe Luftfeuchtigkeit von durchschnittlich 85 Prozent, die fast nie zur Schwüle wird, erleichtert es Lungenkranken, tief einzuatmen. Der kühle Wind lässt entzündete Bronchien abschwellen. Die Reinheit der Brise (kein Smog, kaum Autoabgase, wenig Pollen) erlaubt es den Atemwegen, sich zu regenerieren. Und dann ist da noch das Salz.

VIELE DER STOFFE, die im Meer gelöst sind, etwa Salze von Natrium und Magnesium, wirken entzündungshemmend, und das sehr effizient: In einer der wenigen modernen Untersuchungen zur Klimamedizin wurden 188 Patienten, die unter Arthritis litten, mit lindernden Medikamenten oder alternativ Meerwasserbädern behandelt. Die Badenden klagten bald weniger über Schmerzen und waren signifikant beweglicher als die Kontrollgruppe. Ein Effekt, der selbst nach einem halben Jahr noch anhielt.

Dabei müssen Patienten nicht einmal ins Wasser steigen, um von den Salzen zu profitieren. Mit jeder Welle, die auf den Strand zurollt und sich in vielen Kaskaden bricht, werden winzigste heilende Tröpfchen (Aerosole) in die Luft geschleudert. Bei Wind von See gleicht die Brandungszone einem gewaltigen oder husten. Bei Asthmatikerin Lisa, erzählt deren mitgereiste Mutter, hielt der Effekt der Kur auf Usedom noch Monate an. „Ich habe das Gefühl, ihr Körper bekommt an der See eine richtige Verschnaufpause", sagt sie.

Klimamediziner glauben zu wissen, woran das liegt: an einer Verbesserung der Thermoregulation. Auf Deutsch: Ein paar Wochen an der Nordsee härten ab.

So hat Carsten Stick vom Institut für Medizinische Klimatologie der Universität Kiel festgestellt, dass die kindliche Nasenschleimhaut, ein Hauptangriffsort für Erkältungsviren, nach einem Nordseeaufenthalt besser durchblutet wird. „Unser Leben spielt sich heute vor allem im Innenraum Auto und Wohnung ab", sagt der Forscher, der vermutet, dass ein Körper dabei verlernt, angemessen auf Temperaturwechsel zu reagieren. Ein paar Wochen an der Küste mit ihren abrupten Böen, flinken Wetterumschwüngen, ergänzt durch gelegentliche Ausflüge ins kneippkurkalte Wasser, können, laut Stick, wie ein dringend benötigtes Trainingslager wirken.

## Heilende Tröpfchen sind in der Luft, die Brandungszone gleicht einem Inhalatorium

gen Inhalatorium. Etwa ein Milligramm Salz pro Kubikmeter Luft fanden die Forscher bei Messungen im Brandungssaum.

Die Kinder der Klinik Satteldüne sollen jeden Tag nach draußen. Egal ob es regnet oder nicht. „Früher", sagt Kinderarzt Gerd Hüls, „haben wir bei den Jungs für mehr Kältereiz noch freien Oberkörper verlangt." Klingt sadistisch, ist aber gut begründet: Die Ärzte hören von Eltern immer wieder, dass Kinder nach einer Klimakur an der Nordsee seltener krank sind, sich etwa nicht so leicht eine Grippe mit Fieber einfan-

So werden Nordseeurlauber – fast ungewollt – körperlich fit. Das liegt auch daran, dass selbst Menschen, „die mit Sport nichts am Hut haben", wie Stick weiß, „stundenlang freiwillig am Strand spazieren gehen". Vielleicht wegen des hypnotischen Rauschens der Wellen oder der einladenden Weite der Strände? Eine Studie unter Sylt-Urlaubern jedenfalls ergab, dass diese im Schnitt mehr als zwei Stunden pro Tag am Meer unterwegs waren. Und es nicht einmal als besonders anstrengend empfanden.

Ein Karussell ist längst nicht das höchste der Gefühle; die Klinik besitzt auch Hüpfkissen, Tischkicker und Minigolfplatz

WENN FREMDE DIE HAUT DES KLEINEN NILS zum ersten Mal sehen, erschrecken sie oft. Nackt bis auf die Unterhose, steht der Vierjährige in einem Behandlungszimmer. Große Teile seiner Stirn sind blutig verschorft, ebenso seine Hand- und Fußknöchel sowie seine Waden. Selbst ein Laie könnte die Diagnose stellen: Neurodermitis. Um das quälende Jucken zu stillen, erhält Nils jeden Morgen medizinische Bäder. Und jeden Abend zieht sich sein Vater einen Gummihandschuh über und tupft dem Sohn desinfizierende Bromlösung auf die offenen Stellen. Nils zählt derweil die vielen Punkte um das Bild einer lachenden Robbe im Behandlungszimmer.

In den Stunden zwischen medizinischen Anwendungen, Mahlzeiten und Schulungen (etwa zu Kratzvermeidungsstrategien) gehen auch Vater und Sohn oft ausgiebig spazieren. Ganz automatisch bekommt Nils dabei ordentlich UV-Strah- →

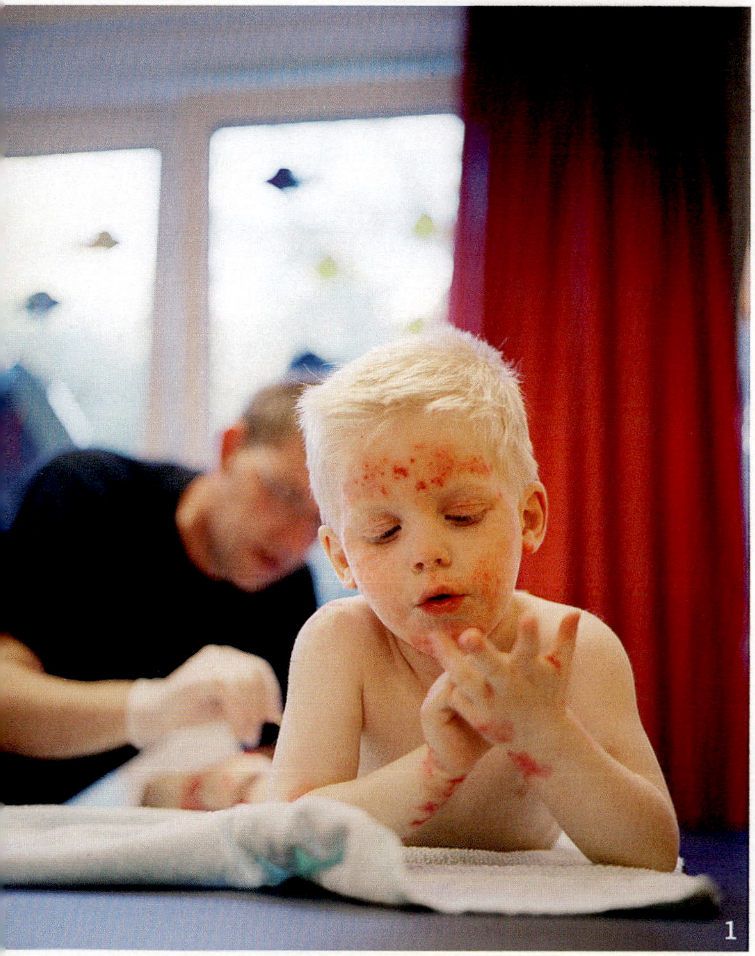

1

2

3

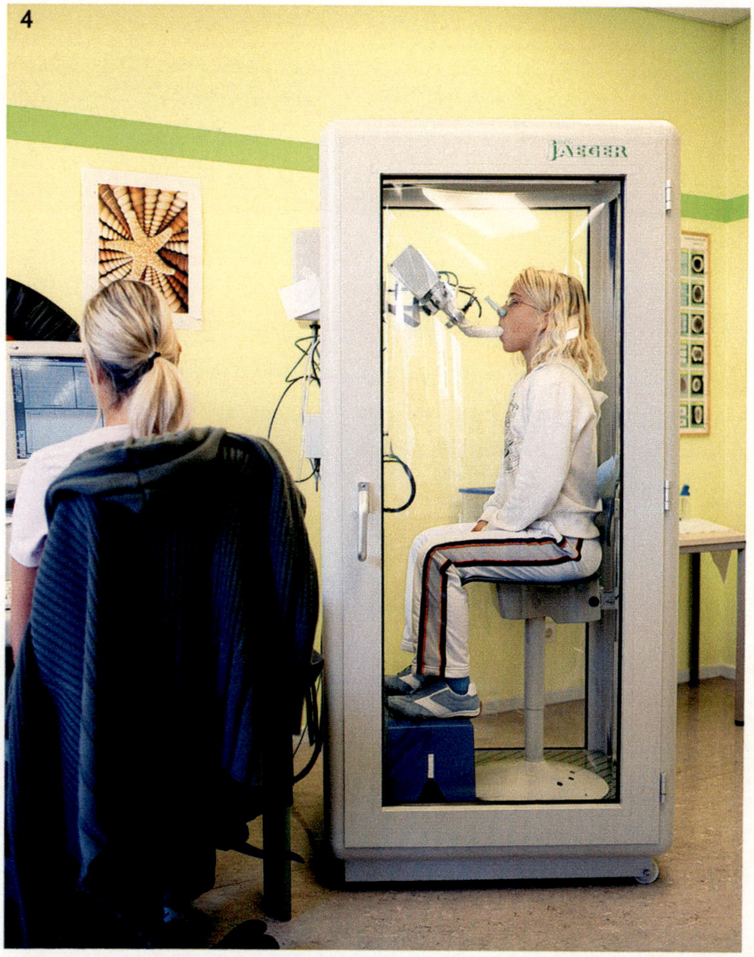


4

Bietet Platz für 165 Patienten: die Fachklinik Satteldüne. Jedes Jahr ist sie für 2000 junge Menschen Heimat auf Zeit

lung ab, die, in der richtigen Dosis genossen, ein mächtiges Heilmittel ist. Lange bevor der Mensch Antibiotika entdeckte, waren Sonnenlicht und frische Luft die einzigen Mittel, die verlässlich gegen Tuberkulose halfen – weshalb die Liegen der Patienten im Freien aufgereiht wurden.

Die energiereichen UV-Strahlen regen die Durchblutung der Haut an und stimulieren das Immunsystem. Vor allem der kurzwellige Bereich, das sogenannte UV-B, fördert die Bildung von Vitamin D, das eine wichtige Rolle bei der Krankheitsabwehr spielt – und mit dem die Bevölkerung Europas oft unterversorgt ist.

Auf einer Insel wie Amrum, wo der Horizont unverstellt ist, trifft nicht nur der Sonnenschein selbst auf die Haut, sondern meist noch einmal eine gleiche Menge UV-Strahlen aus der indirekten Himmelsstrahlung: ein heliotherapeutischer Doppelpack.

Nils' Vater weiß nicht, ob es an diesem Sonnencocktail liegt, dass sich die Neurodermitis seines Sohnes in der Woche seit der Ankunft so drastisch verbessert hat. Vielleicht ist es auch das Tupfen, das Baden, das Cremen oder einfach die Tatsache, dass sich der Vater ungestört der Hautpflege seines Jüngsten widmen kann, ohne dass ihn sein Beruf in Anspruch nimmt oder die beiden anderen Kinder beschäftigt werden wollen.

Was der Vater allerdings weiß: Noch am Ankunftstag waren die Oberschenkel des Jungen, die nun verheilt sind, blutig. Und statt sich jede Nacht so zu zerkratzen, dass morgens das Laken gewechselt werden musste, schläft der Vierjährige nun friedlich durch. Verglichen mit dem vorherigen Zustand, sagt sein Vater und hält mit dem Tupfen einen Moment inne, „ist der Nils jetzt blank". ■

Fotograf **Andreas Reeg** und Autorin **Ute Eberle**, beide 36, erlitten vor Amrum schmerzhaft Schiffbruch: Ein Modellboot, das sie mit Kindern gebastelt hatten, blies der Wind einfach um. Eine Jungfernfahrt, die dem Therapieerfolg wenig zuträglich war.

INFO

▶ **HISTORIE**

## Von der größten Apotheke der Welt

### Hippokrates

Von Thalassa, dem Meer, ist das Abendland seit der griechischen Antike geradezu besessen. **Hippokrates,** der berühmteste Arzt des Altertums, beschrieb es um 400 v. Chr. als Inbegriff des Lebens, heilsam nicht nur bei Ischias und Rheuma. Und auch **Euripides** verewigte es in seiner Tragödie „Iphigenie bei den Taurern", die später Johann Wolfgang von Goethe als Vorlage für großes Drama dienen sollte: „Das Meer reinigt uns von allen Krankheiten."

### Die ersten Seebäder

Neuzeitliche Seeheilbäder allerdings entstanden mit großer Verzögerung – als gleichzeitig das Unbehagen vor den Ozeanen schwand: 1751 in den britischen Küstenorten **Margate** und **Brighton**. Die Ärzte empfahlen fortan unfruchtbaren Eheleuten Dünenspaziergänge, den Kropfleidenden rieten sie zu Meerbädern, Kraftlose sollte die Gewalt der Brandung gleichsam mit Energie aufladen. Ab 1793 wurden kurende Adlige im deutschen **Heiligendamm** mit hölzernen Kabinen ins Wasser gezogen, aus denen sie sittlich korrekt entstiegen. Badeanzüge kamen erst im 20. Jahrhundert auf.

### Norderney

1800 schließlich startete der Kurbetrieb an der deutschen Nordseeküste offiziell: auf **Norderney**. Der „Königliche Badekommissar" Dr. Friedrich Wilhelm von Halem ließ für die hohe Summe von 1394 Talern ein strohgedecktes „Konversationshaus" samt Kursaal und Billardstube bauen. Auch ein „Warmbadehaus" mit drei torfbefeuerten Wannen entstand. 1804 schon überstieg die Zahl der Kurgäste die der Inselbewohner: rund 600. Kurz darauf musste Badearzt von Halem allerdings kränkelnd seinen Dienst quittieren. Heute ist das Krankenhaus der Insel nach ihm benannt, und Norderney zieht pro Jahr mehr als 300 000 Gäste an. Unter anderem mit Thalassotherapien (etwa **bade:haus Norderney**, *Am Kurplatz, Tel. 04932/89 11 41, www.badehaus-norderney.de*), die gezielt auf die Heilkraft des Meeres setzen.

**Pioniere des Kurens am Meer: die ersten Badegäste auf Norderney**

# VOM LEBEN AUF DER KIPPE

**Bei jeder Sturmflut fragen sich die Sylter: Wie viel Land wird sich das Meer dieses Mal holen? Zehn, 15, gar 50 Meter? Den Kampf um ihre Heimat geben sie nicht auf. Auch wenn er trotz aller Bemühungen immer schwieriger wird**

TEXT ¬ MARTEN ROLFF

**November 1928.** Nachdem gleich mehrere Stürme die Insel heimgesucht haben, ragt das »Strand-Café« weit über das ausgespülte Kliff von Wenningstedt hinaus. Es muss später abgerissen werden

**Januar 2007.** Sturmtief Lotte tobt mit rund 115 Stundenkilometern über die Küste. Die Häufigkeit schwerer Stürme nimmt von Jahr zu Jahr zu, in manchen Wintern wird der Strand vor Westerland völlig weggerissen. Dann brandet das Meer direkt auf die Promenade

**JEDES JAHR IM NOVEMBER,** wenn auf Sylt die Zeit der Winterstürme beginnt, packt Esther Meyer ihre Koffer und flüchtet von der Insel. Sie fährt dann in den Urlaub oder in ihre Zweitwohnung nach Berlin, weil sie es nicht mehr ertragen kann, wenn nachts die Brecher der Nordsee unterhalb ihres Hauses auf den Wenningstedter Strand donnern. Wenn der Südwestwind um die Mauern pfeift, die Fliesen im Bad durch die Erschütterungen brechen und die Dachbalken unter der Belastung ächzen. Über Sturmschäden lässt sich die Gastronomin lieber von ihren Mitarbeitern am Telefon berichten. Das sei traurig genug, findet sie. Manchmal träumt sie vom Wasser, „davon, dass mir eine Wand entgegenkommt“. Seit knapp 28 Jahren ist die 52-Jährige jetzt auf der Insel. „Und viermal hat uns die Sturmflut schon plattgemacht.“

Esther Meyer führt das Lokal „Kliffkieker“, das so heißt, weil es fast unmittelbar an der Wenningstedter Steilküste steht, nördlich von Westerland. Von den Tischen am Fenster aus hat man einen direkten Blick auf die Nordsee. Nur eine Terrasse trennt den geduckten Holzbau noch von der Abbruchkante, dahinter fällt der Steilhang sechs Meter tief auf den schmalen Strand. Und dann kommt schon das Wasser.

Der „Kliffkieker“ ist eine Sylter Institution; Fotos und Zeitungsberichte an den Wänden erzählen von Gästen wie Greta Garbo oder Udo Lindenberg. Und sie erzählen von der Geschichte eines Hauses, das der Nordsee seit 90 Jahren Tribut zollt. Die Vorgänger-Lokale, das „Strand-Café“ und die „Strandhalle“, mussten dem Meer schon weichen. Auch die Straße, die einmal 50 Meter vor der Terrasse entlangführte, hat es sich geholt. „Wir sind immer weiter nach hinten gerückt“, sagt Esther Meyer.

Ein Rückzug auf Raten – mit offenem Ende. Nach der Sturmflut von 1983 musste der vordere Teil des hölzernen Hauses abgesägt werden. Sieben Jahre später wurde die Terrasse unterspült. 1999 deckte Orkan Anatol das Dach ab. Und als Kyrill Mitte Januar 2007 mit meterhohen Wellen begann, den Sylter Strand abzuräumen, warteten neben dem „Kliffkieker“ die Kamerateams. „Die wollten filmen, wie unser Lokal abstürzt“, weiß Esther Meyer. Allerdings wurden die Journalisten enttäuscht: Der Wind drehte im letzten Moment. „Wir hatten großes Glück“, sagt die Wirtin, die bei solchen Aussagen dreimal auf die Tischplatte zu klopfen pflegt.

Seit 6000 Jahren – solange Sylt bewohnt ist – leben die Menschen hier mit der Flut. Die Nordsee hat die Insel während dieser Zeit ständig umgeformt, sie rund gemacht, dann länglich, sie nach Osten verschoben, sie im Westen abgetragen. Und der Mensch hat sich dieser →

Bewegung stets angepasst: Er hat Dutzende Dörfer verloren und neue gegründet, hat seine Häuser dort geschützt, wo es sinnvoll schien – und aufgegeben, wo er keine Chance mehr sah.

**ERST DER TOURISMUS** hat diese Anpassung schwierig gemacht. Sylt lebt seit Jahrzehnten bestens vom Fremdenverkehr. Von den Gästen, die Seeblick und Strand verlangen. Die Gebäude der Insel sind deswegen gefährlich nahe an die Küsten gerückt, die Immobilienpreise dort gehören heute zu den höchsten in Deutschland – bis zu zwölf Millionen Euro ist für ein Grundstück mit Villa in Strandlage zu zahlen. Und noch etwas hat es fast unmöglich gemacht, auf Sylt Gelände aufzugeben: Die Insel schützt das nordfriesische Festland. Sie ist ein gigantischer Wellenbrecher, der allerdings längst selbst einen Wellenbrecher brauchen würde.

Zugleich lässt die Erderwärmung den Meeresspiegel steigen. Erhöhte Wasserstände werden vor Sylt immer häufiger. Die Insel ist ein gefährlich schmaler Sandriegel: Ungeschützt, verlöre sie 1,50 Meter Land pro Jahr im Westen; an der Ostküste, der Wattseite, sind es immerhin 30 Zentimeter. Kaum ein anderer Küstenstreifen in Deutschland wird deshalb so aufwendig verteidigt wie die 38 Kilometer Strand auf der Sylter Westseite. Ungefähr eine Million Kubikmeter Sand – aufgetürmt auf einem Fußballfeld wäre das ein mehr als 140 Meter hoher Riesenquader – werden hier seit 1972 jährlich künstlich vorgespült. Sand, geliefert von Saugbagger-Schiffen, die ihn vom Meeresgrund acht Kilometer vor Sylt holen, ihn Richtung Insel fahren und durch Leitungen von Hunderten Meter Länge auf den Strand oder vor die Küste pumpen, wo er von Planierraupen verteilt wird. Rund 4,3 Millionen Euro jährlich kostet das Bund und Land im Schnitt – Tendenz steigend.

Alfred Bartling muss in letzter Zeit immer häufiger die eine Frage beantworten: Wann, so wollen viele Besucher und Einheimische von ihm wissen, bricht die Insel, die an ihrer schmalsten Stelle, am Königshafen bei List, nur noch 300 Meter misst? Nun ist Alfred Bartling aus Morsum ein stämmiger Mann, der mit seinen 69 Jahren der Sensationslust wenig abgewinnen kann. Weshalb er bei seiner Antwort bedächtig spöttisch die Mundwinkel verzieht: Jahrzehnte, vielleicht Jahrhunderte könne man die Insel halten. „Das hängt davon ab, wie viel Sand man vorspült."

Bartling hat in Sachen Küstenschutz während der vergangenen 50 Jahre so ziemlich alles mitgemacht. Er hat die Bauaufsicht bei den Sylter Deichen geführt, bei Sturmfluten die Rettungseinsätze koordiniert, und er hat bis 2007

**Dezember 2006.** Der Hauptstrand in Kampen hat große Teile seines Sandpolsters verloren. Eigentlich soll er das hinter ihm liegende Rote Kliff schützen: die empfindliche, 35 Meter hohe Steilküste zwischen Kampen und Wenningstedt

**Randexistenz.** Das Restaurant »Strandhalle« in Wenningstedt war 1960 noch durch eine breite, hoch gelegene Promenade vom Strand getrennt. 20 Jahre später reicht die Abbruchkante gefährlich nahe an die Terrasse heran, der Asphalt bröckelt

den Sylter Ausschuss für Küstenschutz geleitet. Alfred Bartling sagt, er wisse nach all den Jahren, dass er sich Sorgen machen muss. Zwar habe man mit den Sandvorspülungen die Sylter Westseite in weiten Teilen erstaunlich gut im Griff, seit 1986 hat man die Küstenlinie weitgehend halten können. Doch ein Mittel gegen die dramatischen Landverluste an der Süd- und Nordspitze gebe es noch nicht.

ZEHN METER **HOHE** WELLEN SCHLAGEN AN DIE KÜSTE

Wenn Bartling heute das Naturschutzgebiet Hörnum-Odde an der Südspitze umwandert, braucht er dazu eine knappe Stunde. Vor 25 Jahren waren es noch drei Stunden. Bei einem Wintersturm 2007 ist am Strand der Hörnumer Kersig-Siedlung ein Teil der vordersten Düne abgebrochen. Und manchmal stehen in der Zeitung jetzt Anzeigen von Inserenten, die zwar eines der begehrten Reetdachhäuser in der Siedlung suchen – „aber bitte nicht in der ersten Reihe".

**ES IST EIN PROBLEM,** mit dem sich Sylt seit jeher schwertut, und das auch mit der Lage und Form der Insel zusammenhängt: Die Sylter Westseite ist für Landabbrüche besonders anfällig. Der Meeresboden fällt hier für Nordseeverhältnisse ungewöhnlich steil ab, etwa einen Kilometer vom Strand entfernt ist das Wasser schon zehn Meter tief. Bis zu zehn Meter hohe Wellen rollen, angetrieben vom häufigen Westwind, fast ungebremst auf den Strand, wo sie ihre volle Energie entladen. Und der Sand, den das rückläufige Wasser mitnimmt, wird von der Strömung längs der Insel fortgerissen, im Süden bis nach Amrum und im Norden bis nach Rømø in Dänemark. Sylt ist dadurch immer anfälliger geworden, zumal die Strömung vor den Spitzen über die Jahre bis zu 40 Meter tiefe Rinnen gegraben hat, die nun die Wirkung gigantischer Sand-Staubsauger haben.

Alle Versuche, die Insel zu schützen, haben daher auch zum Ziel, das Wegdriften des Sandes zu verhindern. Schon im 19. Jahrhundert kontrollierten preußische Düneninspektoren, ob die Sylter ausreichend Strandhafer pflanzten, dessen ausgedehntes Wurzelwerk den Dünen Halt bietet. Mittlerweile gibt es kaum einen Vorschlag, über den nicht schon gestritten wurde, sagt Bartling, ob Mauern als Wellenbrecher, ob Wälle oder Geotextilien – riesige Sandsäcke, die vor den Dünen vergraben werden könnten.

Auch die Frage, wohin ihr Sand vom Meer fortgetragen wird, beschäftigt die →

**Rückzug auf Raten.** Anfang 1983 steht die »Strandhalle« (mit grünem Dach) nach heftigen Stürmen direkt am Abgrund. Der vordere Teil ist nicht zu retten. Das Haupthaus bleibt, heißt heute »Kliffkieker« – und ist gerade wegen seiner exponierten Lage bei Touristen beliebt

**Schmelzendes Ende.** An seiner Südspitze, der Hörnum-Odde, schrumpft Sylt dramatisch. Um 1970 verlief der schnurgerade Weg in das Naturschutzgebiet noch in der Mitte der Insel. Mittlerweile ist die Küste von Westen her so nah herangerückt, dass die kleine Straße verschwunden ist. In manchen Jahren verliert die Landzunge bis zu 15 Meter

**Gegenwehr.** Jährlich werden rund eine Million Kubikmeter Sand vom Meeresboden an die Strände gepumpt und von Planierraupen verteilt. Seit 1990 sichern auch Geotextilien die Küste: Polyestersäcke, gefüllt mit – Sand

WIE NUR KANN MAN **DEN SAND** AN ORT UND STELLE HALTEN?

Sylter. In den 1980er Jahren hat man ihn radioaktiv bestrahlt, um seinen Weg mit der Strömung so genau verfolgen zu können wie den eines Kontrastmittels in der menschlichen Blutbahn. Auch eingefärbt wurden die Körner schon. In Rot, Blau und Gelb. Als dann rote Spuren an der Küste von Rømø entdeckt wurden, hat der Mann von Wirtin Esther Meyer an das dänische Königshaus geschrieben: Mit Verlaub, er wolle bitte seinen verdammten Sand wiederhaben. Königin Margrethe hat die Meyers damals per Anwalt knapp und höflich wissen lassen, sie bedaure, aber sie sei da wohl nicht zuständig.

Manche glauben inzwischen, dass große Projekte hermüssen, um den Sand zu halten: Unterwasserdeiche, vorgeschüttete Inseln oder künstliche Riffe, für die sie Panzer oder Autoreifen in die Rinnen werfen wollen. Doch was den Küstenschutz angeht, so meint Alfred Bartling, „kann man tun, was man will, man hat immer recht und unrecht zugleich". Denn jede Maßnahme ist ein Eingriff in ein hochkomplexes System, dessen Folgen kaum absehbar sind.

Das berüchtigtste Beispiel dürften die Tetrapoden vor der Hörnumer Kersig-Siedlung sein, eine Art Wellenbrecher aus vierfüßigen Betonklötzen im Süden der Insel. Der damalige Bundesverkehrsminister Hans-Christoph Seebohm, der in der Siedlung ein Ferienhaus besaß, setzte den Bau des Bollwerks in den 1960er Jahren durch. Doch die sechs Tonnen schweren Klötze versanken im Sand. Schlimmer noch, sie lenkten die Meeresströmung um. Was zwar die Siedlung schützte, aber zu massiven Landverlusten an der Sylter Südspitze, der Hörnum-Odde, führte. Alfred Bartling hat die Tetrapoden damals mit verlegt. Eigentlich, sagt er, habe man da schon gewusst, dass eine Sandinsel nur mit Sand zu schützen ist.

**ES GIBT JEDOCH AUCH MENSCHEN,** die der Auffassung sind, man sollte die Insel am besten weitgehend sich selbst überlassen. Größter Verfechter dieses Gedankens ist Karsten Reise, Professor für Meeresbiologie am Alfred-Wegener-Institut für Polar- und Meeresforschung in List. Reise ist ein schmächtiger Mann mit Vollbart und freundlicher Stimme, von dem man sich kaum vorstellen kann, dass er mit seiner Meinung vor Kurzem noch die halbe Insel in Aufruhr versetzt hat. Einen unbebauten 200-Meter-Streifen, auf dem sich die Nordsee im Westen totlaufen kann, hat er da gefordert. Damit, so legte er nach, sei man dann gleich den „Architektur-Schandfleck" Westerland mit seinen Hochhäusern los. Die „Realitätsblindheit", die ihm darauf der Sylter Amtsvorsteher bescheinigte, war noch eine der freundlicheren Reaktionen.

Inzwischen nehmen ihn jedoch immer mehr Sylter ernst. Man solle den Küstenschutz nicht weiter verstärken, sagt Karsten Reise – und nicht zwingend wieder aufbauen, was die Sturmflut einmal zerschlagen hat. Als Kompensation für die Verluste schwebt dem Meeresbiologen ein Solidaritätsfonds vor und außerdem Landgewinnung an der Sylter Ostküste, wo er Sand aufschütten lassen will. Der Mensch solle wieder flexibler auf die Nordsee reagieren, meint Reise – und mit seiner Insel wandern. Ein Vorschlag, der auch deshalb umstritten ist, weil man dafür in den Nationalpark Wattenmeer eingreifen müsste.

Von seinem Büro aus hat Reise einen Blick auf die sandige Silhouette des Lister Ellenbogens, der das Watt in weitem Bogen einfasst. Zweimal ist hier das Wasser schon durchgebrochen. Auf dem Schreibtisch des Professors liegen Kurven und Diagramme, die den Anstieg des Meeresspiegels bis zum Ende des 21. Jahrhunderts prognostizieren. Der Weltklimarat der Vereinten Nationen geht von 0,6 Metern aus, pessimistischere Berechnungen sagen einen Meter voraus. Wobei man im norddeutschen Wattenmeer wegen des Tidenhubs immer noch einmal 25 Prozent addieren müsse, sagt Reise. Die Probleme auf Sylt würden in jedem Fall zunehmen, nur das Ausmaß sei noch nicht absehbar.

Auch der Forscher glaubt, dass die Insel mit Sandvorspülungen weitherhin gut zu halten sein wird. Das sei nur eine Frage des Aufwandes. Doch wer das als Kosten-Nutzen-Rechnung sehe, betreibe Augenwischerei. Denn wer heute ein Hotel an der Küste baue, sei morgen automatisch für höhere Investitionen in den Küstenschutz, sagt Reise. Der Klimawandel jedoch, glaubt der Wissenschaftler, führe zu einem neuen Bewusstsein unter den Syltern – und das nütze auch der Insel. Er, Reise, werde daher mit seinen Vorschlägen inzwischen nicht mehr nur als „Küstenkasper" wahrgenommen. Neulich, sagt der Meeresbiologe triumphierend, haben die Sylter Rotarier ihn sogar gebeten, einen Vortrag zu halten.

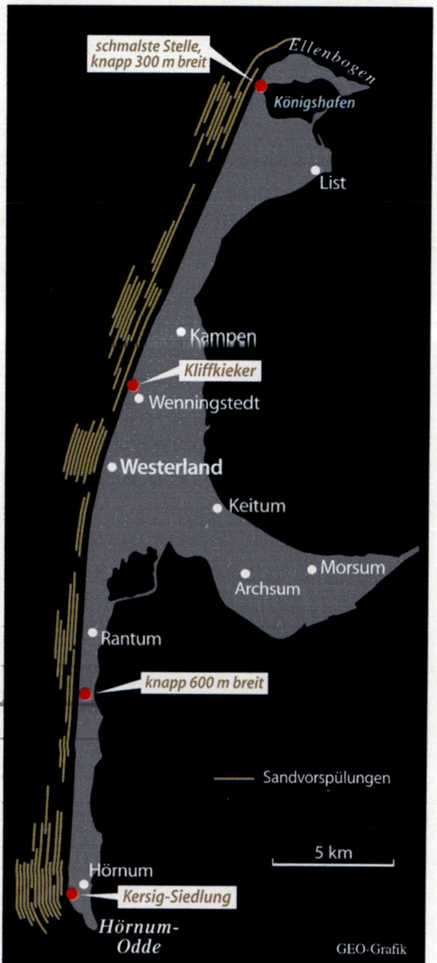


**Neuralgische Punkte.** Auf 38 Kilometern brandet das Meer gegen die Westküste Sylts. Seit 1972 wird Sand vorgespült, an manchen Stellen häufiger als an anderen (siehe Karte). Die Inselenden sind weiterhin besonders gefährdet. Die schmalste Stelle, beim Königshafen am Lister Ellenbogen, ist knapp 300 Meter breit; ohne Schutz ist ein Durchbruch unvermeidlich. Die Hörnum-Odde verliert ebenfalls stark. Und auch südlich von Rantum wird die Insel mit knapp 600 Meter Breite gefährlich dünn

Alfred Bartling findet, dass Karsten Reise ein Segen für die Insel wäre, „wenn er vor 200 Jahren gelebt hätte", als die meisten Häuser ohnehin noch in sicherer Entfernung zum Meer standen. Und Esther Meyer sagt, Reise solle ihr doch mal erklären, wie seiner Meinung nach die Zukunft auf Sylt aussehe: „Sollen wir jetzt alle in ein langes Dorf an der Hauptstraße in der Inselmitte ziehen?", fragt sie, bevor sie vor Lachen prustet.

Trotzdem glauben beide, dass auf der Insel einiges schiefläuft. Auch weil „den Leuten hier immer so ein bisschen das Dollarzeichen in den Augen glänzt", wie Bartling sagt. Manchmal hat er den Eindruck, dass „der Sylter auch seinen Deich verhökern würde, nur um noch kurz im Geld zu baden, bevor die Insel absäuft". Und Esther Meyer sagt, sie könne gerade wieder vor der eigenen Haustür beobachten, dass Schilda ein Witz sei im Vergleich zu Sylt. Weil jeder hier mache, was er wolle, das aber streng nach Vorschrift.

**DIE UNTERE KANTE** von Esther Meyers Hausdüne ist das letzte Mal Ende der 1980er Jahre abgesackt. Trotzdem wird gleich nebenan gebaut. Die Gemeinde Wenningstedt plant ein Kurzentrum mit Hotel, und das Fischlokal, das direkt neben Esther Meyers „Kliffkieker" steht, soll vielleicht erweitert werden, sogar eine Unterkellerung in die Steilküste hinein wurde diskutiert. „Wir Sylter", sagt die Wirtin, „sind auch selber schuld." Sie dachte gar schon einmal daran, ihr Lokal zu verkaufen.

Aber auch Esther Meyer wird weiter ein wenig Schildbürgerin spielen. Und vielleicht wieder Lastwagenladungen selbst bezahlten Sandes ihre Düne hinunterkippen, um ihr Grundstück zu schützen, wie sie es schon oft gemacht hat. Vormittags wird sie in ihrem Garten stehen und die Touristen zurechtweisen, die in den Dünen die vorgeschriebenen Wege verlassen und „den ganzen Strandhafer platt treten". Am Nachmittag serviert sie dann möglicherweise denselben Touristen freundlich Kaffee. ■

**Marten Rolff**, 37, Mitarbeiter der „Süddeutschen Zeitung", erlebte während seiner Recherche Windstärken von null bis elf. Was ihn nicht von Strandspaziergängen abhielt.

Vorsicht, Tiefseeungeheuer voraus! Im »Oceanis« in Wilhelmshaven lassen sich U-Boote über den Meeresgrund steuern, im »Multimar Wattforum« in Tönning kann man einem echten Pottwal auf den Zahn fühlen. Er wurde 1997 an den Strand vor der dänischen Insel Rømø gespült und anschließend präpariert

# UND WANN TAUCHT IHR WIEDER AUF?

Regentage an der Nordsee sind öde. Oder? Stimmt nicht, sagen Jan und Jakob. Es gibt Museen, die sind so abenteuerlich wie das Meer selbst: Bist du einmal richtig drin, willst du gar nicht wieder zurück an den Strand

FOTOS ¬ SOPHIE HENKELMANN TEXT ¬ JOHANNA ROMBERG

**GOLD FINDEN!** Reich werden! Ein neues Leben anfangen! Das war der Traum Hunderttausender Amerikafahrer. Ihre Lebensgeschichten, aber auch die Strapazen der langen Reise sind im »Auswandererhaus« in Bremerhaven nachzuverfolgen. Im »Zwischendeck« (großes Bild) vernimmt Jakob, dass es auf der Überfahrt, igitt!, wochenlang bloß Zwieback und Trockenerbsen zu essen gab

**K**URZ VOR DER ANKUNFT in New York ist Jakob verschwunden. Eben studierte er noch das Menü im Speisesaal der zweiten Klasse, jetzt ist er irgendwo im Zwischendeck untergetaucht. Und während ich mich durch die Menschentrauben auf den Schiffsgängen kämpfe, denke ich voller Mitgefühl an alle Mütter und Väter, die vor 70, 100 oder noch mehr Jahren mit ihren Kindern in Bremerhaven ein Auswandererschiff Richtung Amerika besteigen mussten.

Schiffspassagen waren damals sicher schon ohne Kinder schlimm. Die Enge, die Dunkelheit, die stickige Luft – und der trübe Erbseneintopf vorhin im Speisesaal sah auch gruselig aus. Schiffsreisen mit Kindern aber müssen die Hölle gewesen sein. Diese ständige Sucherei und die Angst, eines könnte über Bord gegangen oder in eine Ladeluke gefallen sein!

Zum Glück ist dies hier kein richtiges Schiff, sondern „nur" ein Museum: das „Auswandererhaus" in Bremerhaven, das auf festem Boden in der Columbusstraße steht. So muss ich mich um meinen Zehnjährigen nicht ernsthaft sorgen, ebenso wenig wie um seinen gleichfalls verschwundenen 15-jährigen Bruder Jan. Dennoch atme ich auf, als ich die beiden nach längerem Herumirren schließlich wiederentdecke: vor dem Modell einer Bordtoilette, die hinter einem aufklappbaren Schrank verborgen liegt.

Wir waren alle drei nicht darauf gefasst, wie lebensecht dieses Museum sein würde, als wir vorhin unsere Eintrittskarten lösten. Eintrittskarten? Nein, Bordpässe hat man uns in die Hand gedrückt, denn es gibt hier keine Besucher, sondern nur Passagiere. Unsere Pässe weisen uns als deutsche Amerikafahrer des 19. Jahrhunderts aus: Jan als Carl Laemmle, 17 Jahre alt, aus Laupheim in Oberschwaben, Jakob als Paul Lemke aus Brandenburg. Ursprünglich sollte Jakob als Helene Maeckel reisen, Tochter eines Hufschmieds aus Sachsen, aber dann hat er noch schnell mit mir getauscht – er möchte auf keinen Fall ein Mädchen sein.

Der Weg ins Innere des Museums führt uns an eine wasserumspülte Kaimauer mit Blick auf eine hoch aufragende Schiffswand. Um uns herum Koffer, Kisten und eine wispernde Menschenmenge. Einige sind Passagiere wie wir, andere lebensgroße Figuren in Trachten verschiedener Epochen. Wer ist wer? Das kann man im gedämpften Licht kaum unterscheiden und soll es wohl auch gar nicht: Wir alle sind Teil einer Inszenierung mit dem Titel „Die Reise nach Amerika".

Es ist eine Inszenierung, die durch mehrere Jahrzehnte führt und verschiedenste Schauplätze und Schicksale umfasst. Wir können diese verfolgen, indem wir die Plastikkarten, die in unseren Bordpässen stecken, auf eine der vielen „Erzählstationen" legen: Dann vernehmen wir über Telefonhörer, wie es „unserem" Auswanderer ergangen ist. Dass etwa Helenes ältere Brüder noch während der Überfahrt an Typhus starben, dass Paul Lemke es zum Königlichen Hofschneider in Hawaii brachte und dass Carl Laemmle in Hollywood die Universal Studios gründete. Oder war es umgekehrt? Wir haben es, zugegeben, nicht so genau erkundet. Zehn- und 15-jährige Jungs sind nun mal keine besonders gewissenhaften Zuhörer. Sie wollen lieber etwas tun – und auch dazu gibt es reichlich Gelegenheit in diesem wunderbar anschaulichen, herrlich unübersichtlichen Museum.

**EIN LETZTER BLICK** zurück zum Kai: Zwei Besucher, nein, Passagiere, haben soeben den Dampfer nach New York bestiegen. Die Reise führt über die »Galerie der 7 Millionen« und »Ellis Island« in das »Forum Migration«, wo man nach ausgewanderten Verwandten forschen kann

Da ist das Modell eines Dampfer-Antriebs, das man per Knopfdruck mit halber oder voller Kraft steuern kann. Da ist der Speisesaal der zweiten Klasse, der alle paar Minuten von „Sturmböen" →

erschüttert wird. Da sind Kojen, in die man hineinkriechen kann, Bullaugen, die sich zum „offenen Meer“ hin öffnen lassen, und Schubladen, die beim Aufziehen immer neue Geschichten preisgeben.

Höhepunkt aber ist der Einwanderer-Test auf „Ellis Island“, New York – am Computer nachzuspielen und bestens geeignet, kleine Brüder hinters Licht zu führen. Besitzen Sie mehr als 500 Dollar? Haben Sie Verwandte in den USA? „Sag nein, Jakob!“, raunt Jan. Sind Sie Anarchist? Sind Sie Polygamist? „Sag ja!“ Pech, nun ist Jakob leider durchgefallen und darf nicht einreisen. So wie es Tausenden Menschen in Ellis Island tatsächlich erging: Fast jeder 50. der über zwölf Millionen Auswanderer, die hier ankamen, bestand den Test oder die medizinische Untersuchung nicht und wurde in seine Heimat zurückgeschickt.

Aber Jakob ist längst wieder fortgelaufen in den nächsten Raum: Da stehen über 200 Telefonbücher aus sämtlichen Bundesstaaten, in denen Tausende mögliche Verwandte verzeichnet sind. Es wäre doch gelacht, wenn in Chicago oder Minnesota niemand so heißen würde wie er.

* * *

**ALLE GUTEN MUSEEN** laden ihre Besucher dazu ein, sich in ihnen zu verlieren. Gute Kinder-Museen erkennt man daran, dass die Erwachsenen darin →

**UNTEN IST'S FÜRCHTERLICH,** und gerade deshalb hochspannend. Monsterwellen! Methan-Blasen! Berstende Kontinentalplatten! Im »Oceanis«, der virtuellen Unterwasserstation, gibt jeder Blick durchs Bullauge neue Geheimnisse der Tiefsee preis

ständig auf der Suche sind. Das erfahre ich auch im „Oceanis“, der virtuellen Unterwasserstation in Wilhelmshaven: Dort dauert es gute 20 Minuten, bis ich Jakob wieder aufgespürt habe. Und das, obwohl dieses Museum auf den ersten Blick vergleichsweise überschaubar wirkt.

**WIE KLINGT DAS LIED DES BUCKELWALS?** Wie beginnt die Geschichte von »Moby Dick«? Ganz entspannt lauschen Besucher des »Multimar Wattforum« in Tönning den Stimmen des Meeres – mit Blick auf eine Walfluke, die unter der Decke schwebt

Zuerst fahren wir in einer Taucherglocke hinab auf den Meeresgrund: 100 Meter tief liegt die Station, wie uns 3-D-Projektionen an den Wänden und an der Decke vor Augen führen. Unten: U-Boot-Antriebe, Schiffsschrauben und Haifischzähne hinter Glas, alles schön ausgeleuchtet und, über Kopfhörer, auch anschaulich beschrieben – aber, leider, nicht zum Anfassen und Ausprobieren. Mir wird etwas bange: Werden es meine Jungs hier länger als eine Stunde aushalten?

Nur wenige Momente später sehe ich sie juchzend durch ein beleuchtetes Wasserbecken springen, mit jedem Fußtritt Wellen schlagend und Schwärme bunter Fische vor sich hertreibend. Es dauert eine Schrecksekunde, bis ich erkenne, dass sie keine nassen Schuhe haben, sondern auf einer virtuellen, interaktiven Projektionsfläche toben. Die Animation wirkt nicht nur täuschend echt, sondern lädt auch zum Tüfteln ein: Wie verhalten sich Trittstärke und -frequenz zu Schwimmrichtung und Geschwindigkeit der Fische?

Solche Fragen faszinieren vor allem Jan. Natur- und technikbegeisterte Jungen wie er sind im Oceanis in ihrem Element. Gerade hat er sich in die Funktionsweise eines pazifischen Tsunami-Frühwarnsystems vertieft, da lockt, wenige Meter weiter, schon eine Übersicht über die Dynamik der Salzwasserzirkulation im Mittelmeer. Und hier: Methanhydrat! Ein hochspannender Stoff, von dem Jan schon in Frank Schätzings Bestseller „Der Schwarm“ gelesen hat. So also sind die Kristalle aufgebaut, die vor dem atlantischen Kontinentalschelf auf dem Meeresgrund liegen! Und hier sieht man, was passiert, wenn es, etwa durch Erwärmung, zum vernichtenden Methan-Blow-out kommt, der im Buch beschrieben wird. „Die Küsten rutschen ab“, murmelt Jan, erneut beeindruckt. „Und Riesenwellen rasen über den Ozean.“

So viel aufregendes Wissen kann er einfach nicht für sich behalten. Er möchte es auf der Stelle an seinen Bruder weitergeben. Aber wo steckt der eigentlich? Wir suchen ihn bei den interaktiven Fischen und vor der beleuchtbaren Polarstation, unter der sprechenden Taucherglocke und vor den Kreuzfahrtdampfer-Modellen, im 4-D-Kino und im Museumsshop. Am Ende finden wir ihn dort, wo er schon vor einer guten Stunde gesessen hat: im Cockpit eines virtuellen U-Boots, das er per Joystick über den Meeresboden lenkt. Durch vier riesige Panorama-„Fenster“ verfolgt er gebannt, wie sich das Gefährt bewegt – vorbei an Felsen, Fächerkorallen und Manganknollen. Und jetzt schnell noch einem versunkenen Wrack ausweichen!

„Alter, das ist so was von cool“, sagt Jakob verträumt. „Hier könnte ich 22 Stunden bleiben.“ Kann man ein solches Museumserlebnis noch steigern?

✱ ✱ ✱

**IM »MULTIMAR WATTFORUM«** in Tönning können wir zum ersten Mal lebende Tiere bewundern. Schaurig-große Riesenkrabben hantieren zwischen zartbunten Seenelken, Seepferdchen schweben durch Algenwälder, und über Miesmuschelbänken und gründlich verbuddelten Flundern hebt und senkt sich der Wasserspiegel im Gezeitenrhythmus – fast wie in der echten Nordsee.

Anders aber als im Zoo sind Mensch und Meereswesen hier nicht überall durch Glaswände getrennt. In eines der Becken dürfen die Besucher →

**MEERESBEWOHNER** und Menschen halten normalerweise Abstand voneinander, aber das »Multimar Wattforum« bringt sie auf vielfältige Weise in Körperkontakt: Beim Griff ins »Brandungsbecken« erfährt Jan, dass Seesterne nicht beißen und Seeanemonen nicht immer brennen, und Jakob testet hautnah, wie sich ein Fisch im Maul eines Bartenwals fühlen könnte

**ALS WAL** kommt man ganz schön herum. GEO-Autorin Johanna Romberg und ihr Sohn Jakob verfolgen Verbreitungsgebiete und Wanderrouten von Meeressäugern rund um den Globus

hineingreifen, um Seesterne zu streicheln, die filigranen Arme von (nicht nesselnden) Seeanemonen zu betasten und Einsiedlerkrebse am Gehäuse zu packen. Daran findet vor allem Jan, nach kurzer Überwindung, so großen Gefallen, dass er von dem kalten Wasser bald krebsrote Hände hat.

Jakob sieht derweil zu, wie der Tintenfisch zu Mittag isst und mit bedächtigen, aber zielsicheren Griffen nach Garnelen angelt. Der Zirrenkrake lebt in einem abgeschlossenen Becken, und das ist für ihn auch lebenswichtig, erklärt uns der Pfleger, der ihn soeben gefüttert hat. Denn dem empfindsamen, hochintelligenten Tier bereitet schon der Anblick ständig wechselnder Gesichter vor der Scheibe Stress, an den es erst allmählich gewöhnt werden muss. Würden die Besucher es auch noch berühren, müsste es vor Aufregung immerzu Tinte spucken – was ihm auf Dauer nicht gut bekäme.

Es ist ein ungeheuer lebendiges Museum, und das liegt nicht nur an den Tieren. Je länger wir uns darin umsehen, desto stärker haben wir das Gefühl, dass das Wattforum selbst ein freundlicher Riesenkrake ist, der uns in seinem Bannkreis hält.

Der Krake weiß, dass er es mit Besuchern verschiedenster Altersgruppen, Temperamente und Interessen zu tun hat: mit tatendurstigen Grabbelkindern ebenso wie mit kontemplativen Naturkennern, mit hibbeligen Halbwüchsigen ebenso wie mit Fachleuten für Aquaristik. Und er versteht es, jeden auf seine Art zu fesseln.

Während die einen Stoffwürfel zu Leuchttürmen zusammenfügen oder mit Blasebalgen Meeressand zu Dünen formen, können die anderen in Ruhe den Wasserkreislauf der Gezeitenbecken studieren, die Größe von Walzähnen mit den Händen abmessen oder sich in die Nomenklatura der Strudelwürmer vertiefen.

Jedem Naturphänomen kann man sich von verschiedenen Seiten nähern. Zum Beispiel der Artenvielfalt in der Nordsee: Ästheten erkunden sie, indem sie unter dem Mikroskop die Oberflächenstrukturen unterschiedlicher Muscheln vergleichen. Systematiker können am Touchscreen die Namen, die Lebensweise und das Vorkommen sämtlicher Weichtierarten zwischen Sylt, Ostende und den Shetlandinseln abrufen.

Meine Jungs ziehen es dagegen vor, das Phänomen mit schierer Körperkraft zu erfassen: auf einem Ergometer, das die eigene Trittgeschwindigkeit mit dem Schwimm-, Lauf- oder Flugtempo verschiedener Wattbewohner vergleicht. Wer holt den jagenden Seehund ein (35 km/h)? Oder den Kiebitzregenpfeifer (45 km/h)? Oder den Wanderfalken, der es im Sturzflug sogar auf 290 Stundenkilometer bringt?

Das Multimar Wattforum ist das einzige der drei Museen, in dem ich meine Kinder nicht suchen muss. Was in diesem Fall aber unbedingt für das Museum spricht. Weil der Krake, auf seine raffinierte Art, eben nicht nur unterhält und fasziniert, sondern wirkliches Interesse weckt. Und damit bei meinen Jungs einen unbändigen Erzähl- und Erklärdrang auslöst.

Guck mal! Hör mal! Fühl doch mal! Wusstest du, wie hoch das Meer bei Ebbe steigt? Und hier: Hast du eine Ahnung, wie ein Buckelwal singt? Setz dich hin, ich spiel es dir vor! Und hier: Was meinst du, wie viele Kilogramm Miesmuscheln frisst eine Eiderente am Tag? Wieg mal diese Kugel in der Hand, dann weißt du es. Und wann traust du dich endlich, selbst einen Seestern aus dem Streichelbecken zu nehmen?

Vormittags um elf Uhr sind wir gekommen, nachmittags um fünf sind wir immer noch da – so unwiderstehlich wirkt die Anziehungskraft dieser Watt-Welt. Am Ende komplimentiert uns ein Aufseher hinaus, indem er die Beleuchtung der Aquarien ausknipst.

Auch Tintenfische müssen schließlich irgendwann schlafen.

→

Biegsam wie Gummi: Der Krake ist einer der Stars im »Wattforum« Tönning



# Lichtblicke für graue Tage

**Wir sind dann mal weg: Im Auswandererмuseum können sich Kinder verkleiden**

## Vorgestellte Museen

Schietwetter an der Nordseeküste lässt sich selbst mit Kindern bestens aushalten: in den zahlreichen Museen zwischen Emden und Westerland. Von Jan und Jakob, den Söhnen von GEO-Autorin Johanna Romberg, für gut befunden:

**AUSWANDERERHAUS**
*Columbusstraße 65, Bremerhaven, Tel. 0471/90 22 00, www.dah-bremerhaven.de;* Erwachsene 10,50 €, Kinder bis 14 Jahre 6 €, Familien 24 €. Tipp: Kaufen Sie ein Kombiticket, mit dem Sie auch ins benachbarte **Deutsche Schiffahrtsmuseum** kommen.

**OCEANIS**
*Bontekai 63, Wilhelmshaven, Tel. 04421/75 50 55, www.oceanis.de;* Erwachsene 8,90 €, Kinder bis 14 Jahre 5,90 €, Familien (2 Erwachsene, 2 Kinder) 21,90 €.

**MULTIMAR WATTFORUM**
*Am Robbenberg, Tönning, Tel. 04861/962 00, www.multimar-wattforum.de;* Erwachsene 8 €, Kinder 5,50 €, Familien 24 €.

## Weitere Museen

**DAT OTTO HUUS**
Für Fans des schrägen Humors: Komiker Otto Waalkes zeigt Stationen seines Lebens – etwa seinen ersten Kaugummi. Und im Kinosaal laufen seine besten Sketche. ■ *Große Straße 1, Emden, Tel. 04921/221 21, www.otto-waalkes.com;* Eintritt 2 €.

**KUNSTHALLE EMDEN**
Die Erwachsenen lustwandeln zwischen Kunstwerken des 20. Jahrhunderts, während Kinder den Künstler in sich entdecken können – in Malkursen speziell für Sechs- bis Zwölfjährige. ■ *Hinter dem Rahmen 13, Emden, Tel. 04921/97 50 50, www.kunsthalle-emden.de;* Erwachsene 8 €, Kinder bis 15 Jahre frei. Anmeldung zu den Kursen unter *Tel. 04921/97 50 70.*

**MOORMUSEUM MOORDORF**
Bei schlechtem Wetter ins Freilichtmuseum? Warum nicht – wenn man sich so lehrreich unterstellen kann wie hier: in Lehmhütten oder Ziegelhäusern, wie sie die ersten Siedler ab dem 18. Jahrhundert im Moor bauten. An Aktionstagen dürfen Sie auch Torf stechen und Matten flechten. ■ *Victorburer Moor 7 a, Südbrookmerland, Tel. 04942/27 34, www.moormuseum-moordorf.de;* Erwachsene 3 €, Kinder bis 16 Jahre 1,50 €.

**NORDSEEMUSEUM HUSUM**
Einen Deich in Miniaturform bauen, Nordseegedichten lauschen oder durch friesische Wohnstuben spazieren – in diesem Museum können Sie die nordfriesische Küste in wenigen Stunden erforschen. ■ *Nissenhaus, Herzog-Adolf-Straße 25, Husum, Tel. 04841/25 45, www.museumsverbund-nordfriesland.de;* Erwachsene 5 €, Kinder bis 17 Jahre 2 €, Familien 10 €.

**STURMFLUTENWELT BLANKER HANS**
Eine Reise ins Jahr 1962: Die Deiche drohen zu brechen! Schnell in eine der Rettungskapseln, die durch ein Multimedia-Sturmszenario schaukelt und in einer Forschungsstation ankommt, wo Sie noch mehr über Naturgewalten, Wetter und Klima erfahren. ■ *Dr.-Martin-Bahr-Straße 7, Büsum, Tel. 04834/90 91 35, www.blanker-hans.de;* Erwachsene 10 €, Kinder bis 15 Jahre 6 €, Familien 28 €.

**WRACKMUSEUM CUXHAVEN**
Allein vor der Cuxhavener Küste sollen bis zu 4000 gesunkene Schiffe liegen. In Europas einzigem Wrackmuseum ist schaurig-schön anzuschauen, was von einigen geborgen wurde. ■ *Dorfstraße 80, Cuxhaven, Tel. 04721/233 41;* Erwachsene 3,60 €, Kinder bis 17 Jahre 2 €, Familien 8 €. ■

**Ottifant durch die Wand: Das Emdener »Otto Huus« des Komikers Otto Waalkes ist kaum zu verfehlen. Ganz andere Häuser finden sich im »Moormuseum Moordorf«: Die meist reetgedeckten Behausungen sind stilecht nachgebaut – und zeugen von einer Zeit, in der Moordorf besonders kinderreich, aber auch besonders arm war**

Den Kopf voller Reise-Erinner
auf GEO-Reisecommunity.de
JETZT KOSTENLOS ANMELDEN!

ungen? Erzählen Sie sie allen:
GEO-Reisecommunity.de
MITMACHEN. ENTDECKEN. PLANEN.

# dossier

Hintergrundinformationen zum Thema **DEUTSCHE NORDSEE**

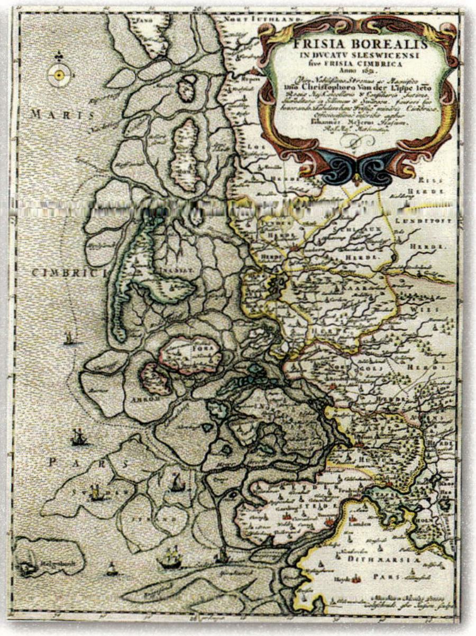


**Tribut an die Flut: die nordfriesische Küste vor den »Mandränken« 1362 (links) und 1634**



SCHICKSALSJAHRE

## DAS EWIGE RINGEN AN DER WATERKANT

Seit Menschen an der Nordsee siedeln, müssen sie kämpfen: gegen Okkupanten, Piraten – und immer wieder gegen den mächtigsten Gegner von allen: Sturmfluten. Aber aufgegeben haben sie nie

**47** n. Chr. bezeichnet der Geschichtsschreiber Plinius, der als römischer Soldat das Gebiet um die Ems bereist, die Menschen an der Nordseeküste als „armseliges Volk“, das auf „hohen Hügeln oder mit Händen gemachten Erdhaufen“ lebe, um sich vor der Meeresflut zu schützen. Zwar existieren Siedlungen im deutschen Küstenraum bereits ab dem 10. Jahrhundert v. Chr., doch erst nach der Jahrtausendwende entstehen sogenannte Warften oder Wurten. „Wenn das Wasser die umliegende Gegend bedeckt“, beschreibt Plinius, „sehen die Leute in ihren auf den Hügeln errichteten Häusern wie Schifffahrer aus, und wenn es sich wieder verläuft, scheinen sie Schiffbruch gelitten zu haben.“

***

**810** überfallen die Wikinger des Dänenkönigs Göttrik das Friesland. Kaiser Karl der Große reagiert: Er lässt eine Küstenwacht gründen, die sein Reich gegen Feinde von See verteidigen soll. Dafür – sowie später für den Deichbau – werden die waffenfähigen Friesen vom Militärdienst außerhalb ihrer Heimat freigestellt. Im mittelalterlichen Feudalsystem, das auf dem Prinzip der Hörigkeit beruht, nehmen sie damit eine Sonderstellung ein. Und sie leiten daraus die berühmte „Friesische Freiheit“ ab: das Recht, keinem Herren außer dem Kaiser zu gehorchen. Karl der Große persönlich soll seinen Untertanen eine Urkunde überreicht haben, „damit alle Friesen frei seien, die Geborenen wie die Ungeborenen, solange der Wind von den Wolken weht und die Welt steht“. Tatsächlich unterwerfen sich vor allem die Ostfriesen lange keiner zentralen Herrschaft, sondern leben in autonomen Gemeinschaften aus weitgehend freien Bauern. Erst ab dem 14. Jahrhundert gewinnen Häuptlinge an Einfluss, Mitglieder mächtiger Bauernfamilien, die sich bekriegen. Bis die freiheitliche Ordnung zerbricht. 1464 ernennt Kaiser Friedrich III. den Häuptling Ulrich Cirksena zum Reichsgrafen über ganz Ostfriesland; unter diesem wird das Land in das deutsche Reich eingegliedert und verliert seine Unabhängigkeit.

***

Im **11.** Jahrhundert bauen die Friesen erste Deiche: Es sind zunächst niedrige, ringförmige Dämme, die im Sommer das fruchtbare Ackerland schützen. Die Gehöfte, die auch Winterstürmen trotzen müssen, stehen zunächst weiterhin auf Warften. Doch nach und nach verbinden die Menschen die Ringdeiche miteinander und erhöhen sie, bis im 13. Jahrhundert ein zusammenhängender Seedeich, der „Goldene Ring“, steht, der die friesische Küste schützt. Da sich →

**Ende einer Legende: Hamburger Segler stellen Störtebeker, der 1400 hingerichtet wird**

davor nun der Schlick ablagert, entstehen immer neue Flächen, die ebenfalls eingedeicht werden. „Deus mare, Friso litora fecit“, sagen die Menschen: Gott schuf das Meer, der Friese die Küste.

***

Am 16. Januar **1362** bricht eine zerstörerische Sturmflut über die Küste herein: die „Grote Mandränke“. Verlässliche zeitgenössische Aufzeichnungen über die Katastrophe gibt es nicht. Rund 250 Jahre später beziffert ein Geschichtsschreiber 200 000 Opfer, wobei derlei Schätzungen mit Sicherheit zu hoch gegriffen sind. Fest steht, dass die Deiche in jenem Januar nur noch mangelhaft unterhalten worden sind, weil es an Arbeitskräften fehlt: Eine extreme Klimaverschlechterung hatte zu Missernten geführt, und auch die Beulenpest dezimierte die Bevölkerung der Küste. In den Fluten der „Mandränke“ sterben nicht nur Menschen und Vieh – die Nordsee verschlingt auch enorme Landstriche. Vollständig versinkt zudem eine Stadt namens Rungholt. Jahrhundertelang gilt sie als Mythos, als eine Art friesisches Atlantis. Inzwischen belegen Watt-Ausgrabungen zwischen Pellworm und Nordstrand, dass es Rungholt tatsächlich gegeben hat.

**Keramik aus versunkenen Siedlungen**

***

War es Verrat? Im Herbst **1400** überwältigt die Hamburger Flotte den berüchtigten Piraten Klaus Störtebeker bei Helgoland: Angeblich soll ein Abtrünniger flüssiges Blei in Störtebekers Ruderanlage gegossen und das Schiff damit manövrierunfähig gemacht haben. Nach neueren Studien könnte aber auch das Wetter den Sieg ermöglicht haben: Störtebeker hatte mit seinen Männern vor Helgoland festgemacht, weil ihn dort hohe Felsen schützten und die enge Hafeneinfahrt gut zu überwachen war; doch möglicherweise haben die Hamburger kräftigen Südostwind abgepasst, der die Piratenboote in die Bucht drückte und eine Flucht vereitelte. Störtebeker gehört zum Piratenverbund der Vitalienbrüder, die sich als „Gottes Freunde und aller Welt Feind“ bezeichnen. Zunächst rauben sie ab 1391 auf der Ostsee. Als der Druck von Herrschern und Händlern zu groß wird, wechselt Störtebeker in die Nordsee – bis zu seiner Niederlage. Mit 30 Kameraden wird er der Geschichte nach am 20. Oktober 1400 in Hamburg geköpft.

***

Am 11. Oktober **1634** verwüstet erneut eine verheerende Sturmflut die Küste – die zweite „Grote Mandränke“. „Gott, der Herr, ließ Regenen, Hagelen, Blitzemen, Donnern, und den Wind so krefftig Wehen, dass die grundfeste der Erden sich bewegeten“, schreibt der Eiderstedter Chronist Peter Sachs, der Augenzeuge der Zerstörung wird. Die Flut ist kurz und heftig: Auf der Insel Alt-Nordstrand ertrinken in wenigen Stunden zwei Drittel der Einwohner, mehr als 6000 Menschen. Und diese zweite Mandränke verändert die Küstenlinie für immer: Über zwei Drittel der Fläche von Alt-Nordstrand versinkt (siehe Karten Seite 127). Keine 100 Jahre später überschwemmt die Weihnachtsflut von 1717 erneut große Teile der Nordseeküste; mehr als 11 500 Menschen ertrinken. Was folgt, ist jahrzehntelange Armut in den ländlichen Gebieten. Ab Mitte des 19. Jahrhunderts wandern deshalb Tausende Friesen aus; viele nach Amerika.

***

Um **1800** wird aus dem eher ärmlichen Fischerdorf Norderney das erste Seebad Deutschlands. Rund 250 Kurgäste kommen im ersten Jahr auf die Insel, Berühmtheiten wie Heinrich Heine, Wilhelm von Humboldt oder Otto Fürst von Bismark folgen. Und die Preise steigen. Theodor Fontane, der Norderney von 1880 bis 1883 besucht, schreibt: „Dass sie sich ihre Luft etc. gut bezahlen lassen, kann ich ihnen nicht verdenken,

**1800: Auf Norderney öffnet das erste Seebad**

alles, wonach Anfrage ist, das steigt im Preise, aber sie fordern nur viel, sie betrügen nicht." Ab Mitte des 19. Jahrhunderts entstehen auch in zahlreichen anderen Küstenorten Seebäder. Nach dem Ersten Weltkrieg, in den 1920er Jahren, sind es vor allem Helgoland und Sylt, die ein mondänes Publikum anziehen.

***

18. April **1947**, Punkt 13 Uhr. Ein Knopfdruck, und es folgt eine ungeheure Explosion – dann verdunkelt ein rund vier Kilometer hoher Rauchpilz den Himmel: Zwei Jahre nach Ende des Zweiten Weltkriegs scheint es, als würde Helgoland endgültig in der Nordsee versinken. Die britische Armee hat die Insel mit 6700 Tonnen Munition gespickt, die ein Fünftel der Sprengkraft der Atombombe von Hiroshima entwickeln. Mit der Operation „Big Bang" will Großbritannien Helgolands 13,8 Kilometer langen Bunkerstollen und andere Militäranlagen vernichten, die teils unter Kaiser Wilhelm II., teils unter Hitler gebaut worden sind. Bereits 1945 hatten Bomber die Insel attackiert. 116 Soldaten und zwölf Zivilisten starben, alle überlebenden Helgoländer mussten aufs Festland fliehen. Beim „Big Bang" fürchten sie nun, dass ihre Heimat vollständig gesprengt wird. Doch als sich der Staub lichtet, kommt wieder der berühmte Felsturm der Langen Anna in Sicht – und der Rest der Insel. Etwa ein Siebtel seiner Gesamtfläche hat Helgoland freilich verloren. Erst 1952 dürfen die Einwohner auf ihr zerstörtes Eiland zurück.

**1947: Briten versuchen, Helgoland zu sprengen**

***

Am 29. Oktober **1998** sind alle Bergungsversuche vergebens: Der brennende Frachter „Pallas" strandet sechs Seemeilen vor Amrum und verursacht eine der schlimmsten Ölkatastrophen im deutschen Wattenmeer. Später ist die Kritik am Krisenmanagement groß, da sich Dänemark und Deutschland nicht auf Zuständigkeiten einigen konnten und obendrein ungeeignete Schlepper eingesetzt wurden. Bis der Brand auf der „Pallas" gelöscht werden kann, vergeht beinahe ein Monat; 244 Tonnen Öl und Diesel fließen ins Wattenmeer. Rund 16 000 Seevögel sterben mit ölverklebtem Gefieder. Nicht zuletzt dieses Unglück führt 2003 zur Gründung des Havariekommandos, einer Behörde des Bundes und mehrerer Bundesländer, die seitdem bei Unfällen in Nord- oder Ostsee zuständig ist.

**1998: Ölkatastrophe nach Brand der »Pallas«**

***

30. Januar **2008**. Nach zwei Jahren Vorbereitung ist es so weit: Deutschland und die Niederlande beantragen beim UNESCO-Welterbezentrum, das niedersächsische und schleswig-holsteinische Wattenmeer sowie weitere Gebiete Westfrieslands als „Weltnaturerbe" anzuerkennen. Unter Naturschutz steht das Gebiet schon seit geraumer Zeit: der Nationalpark Schleswig-Holsteinisches Wattenmeer wurde 1985 gegründet, Niedersachsens Nationalpark folgte 1986, Hamburgs 1990. Mit dem UNESCO-Titel würden die bereits bestehenden Schutzmaßnahmen nicht verschärft – dennoch weigert sich Hamburg wenige Tage vor Antragstellung, die Nominierung mitzutragen. Die Hanseaten sehen ihre Pläne gefährdet, die Elbfahrrinne weiter zu vertiefen, um größeren Schiffen die Einfahrt in ihren Hafen zu ermöglichen. Allerdings gehören ohnehin nur 1,9 Prozent der Wattenmeer-Nationalparks zu Hamburg, knapp 140 von rund 7400 Quadratkilometern. Die anderen Beteiligten haben den Antrag daher ohne Hamburg eingereicht. Eine Entscheidung der UNESCO fällt voraussichtlich im Sommer 2009. ■ *Dela Kienle*

FORSCHUNG

## GEFIEDERTE GEHILFEN

Um den Vermüllungsgrad des Meeres zu ermitteln, greifen Wissenschaftler auf ungewöhnliche Assistenten zurück: tote Eissturmvögel

**Eissturmvogel – von außen betrachtet**

**ER LIEFERT DATEN** von vielen Hundert Flugstunden, ungezählten Kilometern zwischen Spitzbergen, Island, den Shetlandinseln und der deutschen Nordseeküste: Der Magen des Eissturmvogels ist für Wissenschaftler so aufschlussreich wie die Black Box eines Langstreckenjets. Denn das Verdauungsorgan des Vielfliegers, das sich bis zur Größe eines Kaffeebechers ausdehnen kann, beantwortet die Frage: Wie verschmutzt ist die Nordsee?

Dass verendete Eissturmvögel als unfreiwillige Helfer der Forschung auf dem Seziertisch landen, hat nicht nur mit ihrer Mobilität zu tun, sondern auch mit der Zusammenstellung ihres Speiseplans. *Fulmarus glacialis* gilt als ausgesprochen unkomplizierter Esser. Die Vögel holen sich ihre Nahrung von der Wasseroberfläche – Kleinkrebse, Fische, Fischereiabfälle. Aber auch Plastikpartikel. „Jahrtausendelang gab es für sie keinen Grund, wählerisch zu sein. Seit einigen Jahrzehnten aber bietet der Mensch ihnen vermeintlich spannende Nahrung, die keine ist: schwimmenden Müll“, sagt Nils Guse vom Büsumer Forschungs- und Technologiezentrum Westküste.

Die Verwandten der Albatrosse, etwa 50 Zentimeter groß bei einem Meter Spannweite, sind langlebige Tiere. Im Durchschnitt wird ein Eissturmvogel 35 Jahre alt. Wenn einer stirbt, beginnt mitunter sein Nachruhm in der Statistik.

Jedes Jahr werden zwischen 40 und 120 Vögel im Spülsaum der deutschen Küste angeschwemmt – und von aufmerksamen Beobachtern gemeldet. „Es ist eine elegante Herangehensweise“, sagt Meeresbiologe Guse über die Rekrutierung des Eissturmvogels als Adjutant der Wissenschaft. „So ein Vogel hat für uns die Oberfläche riesiger Flächen beprobt. Er ist bei seinem Tagesgeschäft kreuz und quer auf der gesamten Nordsee unterwegs gewesen.“ Und die ist stark belastet: Schätzungsweise 20 000 Tonnen Müll werden jährlich in ihr versenkt; ein Großteil stammt von Schiffen, deren Besatzungen ihren Abfall einfach im Meer entsorgen. Und auch wenn sich im Vogelmagen nur winzige Spuren dieses

BODENANALYSE

## SCHLICK FÜR SCHLICK

Bekannt ist, dass das Meer Land raubt. Auf den Halligen scheint es anders zu sein: Dort wächst der Grund in die Höhe

**Grundlagenforschung mit Fußmatte**

**MANCHMAL FINDET MAN** wissenschaftliche Hilfsmittel ganz simpel im Baumarkt: „Die PVC-Fußmatten waren ein Sonderangebot, das Stück für 2,99 Euro“, erzählt Matthias Deicke. Mit seinem Kollegen Volker Karius hat er 100 Türvorleger zunächst geviertelt und anschließend auf den Halligen Hooge, Langeneß, Nordstrandischmoor und Süderoog platziert. Jeweils gemeinsam mit einer eingegrabenen, oben offenen Plastikflasche und einer Keramikfliese bilden die Schnäppchen dort eine kleine Sedimentsammelstation. Die Halligbewohner wurden in Rundschreiben gebeten, den vermeintlichen Müll an Ort und Stelle liegen zu lassen. Denn die beiden Göttinger Geologen Deicke und Karius wollen mit ihren Sedimentfallen herausfinden, ob sich die Halligen durch die regelmäßigen Überflutungen tatsächlich aufschlicken – ob sie also in die Höhe wachsen. Erstaunlich wäre das insofern, als man gemeinhin vermuten könnte, die kleinen Marschinseln seien bei einem Klimawandel – das heißt zum Beispiel bei erhöhtem Wasserstand – die Ersten, die von der Landkarte verschwinden würden. Doch schon erste Bodenproben haben gezeigt, dass es wohl einen ganz anderen Trend gibt: „Seit 1914 hat die Hallig Hooge in den Randbereichen um bis zu einen Meter an Höhe gewonnen. Im Zentrum weniger, etwa einen halben Meter“, sagt Deicke. „Und im Winter 2006/2007 waren es bis zu vier Millimeter plus. Dennoch: Erst nach weiteren Jahren werden wir wissen, ob unsere Methode richtig funktioniert.“ Doch was wird den größeren Effekt haben – der Klimawandel oder die Aufschlickung? Das ist ungewiss. Für Matthias Deicke sieht es derzeit aus, als halte sich das Wachstum der Halligen mit dem Meeresanstieg die Waage: „Sie könnten noch Jahrzehnte bestehen.“

Unrats finden, geben sie doch ein genaues Bild vom Status quo der Meeresbelastung. Gefiltert, getrocknet und getrennt, lässt sich jedes noch so kleine Teilchen zuordnen. Ob Industrieplastik, sogenannte Pellets, die eigentlich zur Weiterverarbeitung bestimmt waren, oder ob Kunststoff von Zahnbürsten und anderen Gebrauchsgegenständen der Wegwerfgesellschaft: Großer Müll wird durch die Kraft des Meeres irgendwann zu kleinem Müll.

Einiges wird an den Stränden angespült und damit zum Ärgernis, insbesondere in Touristengegenden. Anderes landet in den Mägen der Vögel und wird zum Gradmesser der Forscher. Dabei ist der Eissturmvogel nicht nur Protagonist der Studien, sondern gleichzeitig Repräsentant der Tierwelt insgesamt: Der schwimmende Schmutz ist für ihn ebenso schädlich wie für Fische und Wale.

Niederländische Pilotstudien zeigen seit den 1980er Jahren, dass der Eissturmvogel verlässlicher Indikator für Meeresvermüllung sein kann. Seit 2002 wird die Untersuchung in allen Nordsee-Anrainerstaaten als Gemeinschaftsprojekt vorangetrieben. Auf Grundlage des Projekts wurden Obergrenzen für den Verschmutzungsgrad der Nordsee vorgeschlagen: Weniger als zehn Prozent der Vögel sollen in Zukunft mehr als 0,1 Gramm Plastik im Fluggepäck haben. Derzeit bloßes Wunschdenken: Noch sind im Bereich der südöstlichen Nordsee bis zu 60 Prozent der untersuchten Vögel über diesem Limit. Zu viele, finden die Forscher.

**Eissturmvogel – von innen gesehen: Plastikmüll füllt manchmal den ganzen Magen aus**

WELLEN-WÄCHTER

## DIE NORDSEE ALS TSUNAMI-TESTBECKEN

Experten haben in der Deutschen Bucht ein System zur Warnung vor Monsterwellen entwickelt – das aber weit mehr kann

**TSUNAMIS SIND UNZUVERLÄSSIG.** Die tödlichen Wellen kündigen ihr Kommen nicht an, sie schwappen urplötzlich über die Küste. Nach dem verheerenden Tsunami in Südostasien Ende 2004 wurde weltweit über neue Frühwarnsysteme nachgedacht. Auch in Schleswig-Holstein. Die Frage: Wie kann man Sensoren, die das Meeresgeschehen verfolgen, optimal kombinieren und unter „realen" Bedingungen testen? An der Deutschen Bucht war die Antwort bald gefunden. Denn dort rollt alle zwölf Stunden ein Mini-Tsunami die Küste entlang: die Flut.

Zwar ist der Tidenhub der Nordsee im Vergleich zu den Monsterwellen geradezu lächerlich niedrig, aber dafür ist auf den Musterschüler Verlass – er ist fast immer pünktlich! Beste Voraussetzung, den Ernstfall zu proben.

**Sammelt Daten und funkt sie an Land: der Messpfahl des OMS**

Ergebnis ist das „Ocean Monitoring System" (OMS), ein Warnsystem, dessen Prototyp zwischen Helgoland, Sylt und Büsum bereits im Einsatz ist. Unterstützt von der Landesregierung in Kiel, gehen dabei Wissenschaft und Wirtschaft eine Zweckehe ein, von der beide Seiten profitieren. Denn während die Forscher Daten sammeln, können die Marketingexperten potenziellen Käufern eine funktionstüchtige Anlage präsentieren. Ganz nach dem Prinzip „Act local, sell global".

Da kein Meer der Welt dem anderen gleicht, hat das Monitoring-System mittlerweile eine Multifunktionalität, die der eines Schweizer Taschenmessers gleichkommt: Radargeräte, Messtonnen, Bodensensoren und ein Messpfahl, der 16 Kilometer vor St. Peter-Ording installiert ist und allein 154 000 Euro gekostet hat, überwachen Wellencharakteristiken, Strömungsgeschwindigkeiten und Wetterdaten. Falls nötig, ist die Bevölkerung blitzschnell per Radio informiert.

Das Potenzial zum Exportschlager könnte OMS aber haben, weil es auch andere Informationen liefern kann: über Ölteppiche, verlorene Ladungen oder Schiffsbewegungen. „Damit haben viele Länder ein Interesse, das System instand zu halten, auch ohne ständige Tsunami-Gefahr", sagt Klaus Vanselow. Der Physiker am Forschungszentrum Westküste ist für die wissenschaftliche Betreuung der Anlage zuständig. Und selbst wenn an der deutschen Nordseeküste ein großer Tsunami als fast ausgeschlossen gilt, ist der künftige Nutzen des OMS auch hier absehbar, meint Vanselow: durch die Klimaveränderung und erhöhte wirtschaftliche Nutzung seien genügend Änderungen zu erwarten. ■ *Heiko Kammerhoff*

»Wir sprechen Fering!« Auf Föhr erlernen Kinder wieder das Friesisch ihrer Vorfahren

TRADITION

## AUFBRUCH HINTERM DEICH

Die Friesen kämpfen seit Langem für ihre Anerkennung als nationale Minderheit. In den vergangenen Jahren haben sie viel bewegt. In Schleswig-Holstein allerdings weit mehr als in Niedersachsen

**ARNO RADEMACHER** fühlt sich betrogen. Wenn es nach ihm ginge, hätte die niedersächsische Landesregierung die Friesen als schützenswerte nationale Minderheit anerkennen und folglich seine Partei „Die Friesen" von der Fünf-Prozent-Klausel ausnehmen müssen. Im Januar 2008 trat Rademacher mit seiner neuen Partei erstmals zur Landtagswahl an; friesische Selbstbestimmung und besseren Küstenschutz pries er als seine Wahlkampfthemen. Doch das Landesministerium blieb hart, die Sperrklausel wurde vor der Wahl nicht aufgehoben. Was, so glaubt Rademacher, viele potenzielle Wähler entmutigt hat.

Gerade einmal 10 071 Niedersachsen gaben daraufhin ihre Zweitstimme den „Friesen", das sind 0,3 Prozent. Lediglich in ihrer Hochburg, dem Wahlkreis Leer/Borkum, erreichte die Partei 4,5 Prozent. Doch aufgeben will Rademacher deshalb nicht. Ein Blick nach Schleswig-Holstein mag ihm recht geben: Dort vertritt der Südschleswigsche Wählerverband (SSW) schon seit Jahren die dänische und nordfriesische Minderheit. Die Partei erhielt bei der letzten Wahl 3,6 Prozent – und hat seither zwei Abgeordnete im Landtag.

Auch wenn die Friesen in der Geschichte nie als ein Volk mit eigenem Staat auftraten, ihre Eigenständigkeit war ihnen stets wichtig. „Lewwer duad üs Slaav", lautete ihr Credo über Jahrhunderte: „Lieber tot als Sklave". Heute sind Ost- und Nordfriesen zusammen eine der vier anerkannten nationalen Minderheiten in Deutschland, neben den Sinti und Roma, den Sorben und den Dänen. Ungefähr 50 000 bis 60 000 Menschen fühlen sich in Schleswig-Holstein als Nordfriesen. Die Ostfriesen in Niedersachsen werden auf mehr als 350 000 geschätzt, verlässliche Statistiken gibt es aber keine – es gilt das Bekenntnisprinzip: „Friese ist, wer sich als Friese fühlt."

Anders als die Ostfriesen haben sich die Nordfriesen bereits viele Sonderrechte erkämpft. Etwa zweisprachige Ortsschilder, auf denen unter „Niebüll" auch „Naibel", unter „Bredstedt" auch „Bräist" steht. Und seit 2004 regelt das „Friisk Gesäts", das Friesisch-Gesetz, dass überzeugte Friesen die eigene gold-rot-blaue Fahne hissen dürfen. Amtliche Schreiben können sie mit ihrem Wappen zieren: einem halbierten Reichsadler, der dänischen Krone und – als Symbol der Brüderlichkeit – dem sogenannten Grütztopf: einem großen Kessel.

Noch wichtiger: In Nordfriesland und auf Helgoland ist das Friesische als zweite Amtssprache zugelassen – wer möchte, kann in seiner Muttersprache heiraten oder Passanträge stellen. Die Sprache, die sich wie eine Mischung aus Altenglisch, Dänisch und Deutsch anhört, wird noch von etwa 10 000 Nordfriesen aktiv gesprochen. Und es werden mehr: 2007 lernten ungefähr 1230 Schüler die Vokabeln ihrer unbeugsamen Vorfahren.

Nicht so in Niedersachsen: Das Friesische wurde hier schon vor Jahrhunderten vom Niederdeutschen verdrängt, nur etwa 2000 Menschen im Landkreis Cloppenburg sprechen noch Saterfriesisch als letzte verbliebene Variante. Arno Rademacher will trotzdem auch in seinem Bundesland weiter für die Rechte der Friesen kämpfen und die Landtagswahl anfechten. Landtagspräsident Jürgen Gansäuer aber macht ihm wenig Hoffnungen: „Die Friesen sind ganz nette Menschen, aber verfassungsrechtlich haben sie keine Chance."

Sie weisen in Schleswig-Holstein immer häufiger den Weg: zweisprachige Schilder

MODERNE

## DAS NEUE SYLT

Zeitenwechsel auf der größten Insel der Nordsee: Die Bettenzahl steigt, der Flugverkehr nimmt zu, es kommen immer mehr Urlauber. Und für die Einheimischen bleibt immer weniger Platz

**WER DIESER TAGE** am Rantumer Becken spazieren geht, kann einen Teil des neuen Sylt sehen: hellblaue, hellgelbe und rosafarbene Häuschen auf gepflegter Grünfläche. Was aussieht wie eine Vorortsiedlung, ist ein Resort der Marke „Dorfhotel". Reiseveranstalter TUI hat die 159 Familien-Apartments im Juni 2007 eröffnet, mitten im Naturschutzgebiet am Wattenmeer. Auf die in der Gegend üblichen Reetdächer wurde verzichtet, die Bauordnung hätte dafür einen Mindestabstand von zwölf Metern vorgesehen – unrentabel für den Ferienanbieter. Familien verbringen ihren Urlaub deshalb nun unter schwarzen Dachziegeln, aber mit „Vier-Sterne-Standard" und Animationsprogramm.

Das neue Sylt, das man in Rantum besichtigen kann, wird ein engeres Sylt sein als in den Jahren zuvor: Die Insel ist schneller und günstiger erreichbar denn je – von zehn deutschen Städten aus kann man mittlerweile direkt nach Westerland fliegen, Billigfluggesellschaften wie Air Berlin und TUIfly locken mit Tiefpreisen. Im Jahr 2007 wurden bereits 133 000 Fluggäste gezählt, Tendenz steigend. Um die zusätzlichen Urlauber aufzunehmen, werden bis 2010 rund 1600 Betten zu den bestehenden 55 500 hinzukommen. Im südlich gelegenen Hörnum etwa entstehen eine Ferienanlage mit 151 Apartments und ein Golfhotel mit 79 Zimmern und einem 18-Loch-Naturgolfplatz. In List, am nördlichen Ende der Insel, ist der Bau eines Arosa-Wellness-Resorts genehmigt. Weitere Hotels in Keitum, Wenningstedt und Morsum sind geplant.

Die Projekte haben für hitzige Diskussionen unter alteingesessenen Insulanern gesorgt: Besitzer kleiner Hotels und Ferienwohnungen fürchten einen Preisverfall, die Platzhirsche des Edel-Sylt sorgen sich um die Exklusivität vergangener Zeiten. Vor allem das TUI-Dorfhotel mit seinen preiswerten Pauschalangeboten passt in ihren Augen nicht zum gehobenen Image der Insel. Die Rede ist von einem neuen „Mallorca der Nordsee" oder gar von einer „Ballermannisierung".

Zankapfel: 2007 eröffnete das TUI-Dorfhotel bei Rantum – zum Ärger vieler Sylter

Aber auch wenn solche Befürchtungen vermutlich stark übertrieben sind: Fest steht, dass sich das 100 Quadratkilometer große Eiland momentan wandelt. Zu den noch rund 21 500 Syltern mit Hauptwohnsitz kommen bereits 10 000 Zweitwohnungsbesitzer. Ein Mietmarkt für Sylter ist kaum mehr vorhanden, denn für Wohnungseigentümer ist es längst lukrativer, jeden Quadratmeter den Feriengästen vorzubehalten oder gleich zu verkaufen.

Viele der Köche, Kellnerinnen oder Verkäufer, die auf Sylt arbeiten, leben daher nach Feierabend in Garagen und Kellerwohnungen. Oder auf dem Festland: An die 4000 Pendler kommen jeden Morgen mit der Nord-Ostsee-Bahn über den Hindenburgdamm. Wenn sie am Abend zurückfahren, hinterlassen sie eine Insel, auf der es auch ohne sie immer enger wird. ■

*Mirco Lomoth*

ZUKUNFT

# FRISCHER WIND

Die Wirtschaftslage an der Nordsee bot wenig Grund zum Optimismus. Jetzt soll der Aufschwung kommen

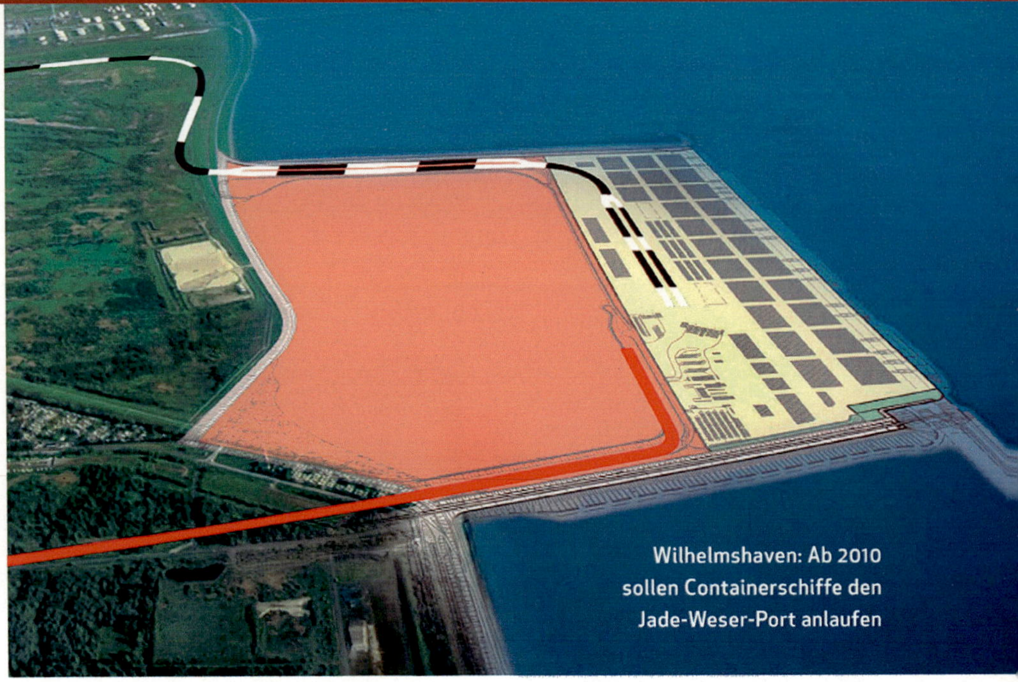

Wilhelmshaven: Ab 2010 sollen Containerschiffe den Jade-Weser-Port anlaufen

**AB SOMMER 2009** werden sie sich drehen: riesige Windräder im Meer, rund 45 Kilometer vor der Ostfriesischen Insel Borkum. Dort, wo der Wind mit durchschnittlich zehn Metern pro Sekunde besonders heftig weht, entsteht der erste Offshore-Windpark Deutschlands. Ein Mammutprojekt, dem vermutlich bald weitere folgen werden: 16 Nordsee-Windparks sind genehmigt, bei anderen steht das Plazet kurz bevor.

Eine Nachricht, die sich in eine ganze Serie erhoffter Entwicklungen einreiht. Die Windparks könnten endlich jene Abwärtsspirale stoppen, die für Städte wie Bremerhaven und Wilhelmshaven sowie für die gesamte Region bereits vor Jahrzehnten begann: in den 1970er Jahren, als die große Zeit der Hochseefischerei vorüber war. In Bremerhaven folgte in den 1980er Jahren eine Werftenkrise – erst fehlten mit den Fischern die Auftraggeber, dann wurden Schiffe in Asien billiger gebaut. Und in den 1990er Jahren zogen rund 3000 US-Soldaten mit ihren Familien fort, die bis dahin das Auskommen für Hunderte Bremerhavener garantiert hatten. Auch in Wilhelmshaven fielen seit dem Fall der Mauer etliche Tausend Armee-Arbeitsplätze weg, da die Bundeswehr ihren dortigen Marinestützpunkt verkleinerte – nachdem 1991 schon der zweite wichtige Arbeitgeber der Stadt, der Büromaschinenhersteller Olympia, seine Fabriken mit 13 000 Arbeitsplätzen geschlossen hatte. In der Folge lag die Arbeitslosenquote der Region lange wie zementiert auf Rekordwerten von bis zu 19 Prozent.

Das neue Atlantic Sail City in Bremerhaven hat 19 Etagen und eine Aussichtsplattform

Doch jetzt soll sich etwas bewegen: In Bremerhavens Windenergie-Branche, so hoffen Wirtschaftsförderer, werden bis Ende 2008 rund 1000 Menschen arbeiten, schon jetzt sind es 300. Besonders gefördert wird auch die „Blaue Biotechnologie“: Forscher untersuchen, wie aus Meeresorganismen Bausteine für neue Medikamente, Kosmetika oder Lebensmittel werden können. Und bald könnten auch Nichtakademiker von der positiven Entwicklung profitieren – in der Touristikbranche. Denn Bremerhaven soll in einer Art Radikalkur zur „maritimen Attraktion“ werden. In diese Hoffnung auf eine bessere Zukunft fließen 300 Millionen Euro öffentliche Gelder plus private Investitionen; in eine neue Innenstadt mit Erlebnismuseen, Einkaufszentrum, Zoo, Sportboothafen – und in das Atlantic Hotel Sail City, „Bremerhavens neues Wahrzeichen“, das mit seiner Segelform an das berühmte Luxushotel Burj Al Arab in Dubai erinnert. Eine Million Touristen zusätzlich pro Jahr soll das locken.

Aufbruchstimmung herrscht auch in Wilhelmshaven, seit die Stadt zum Standort des geplanten Tiefseehafens Jade-Weser-Port bestimmt wurde. Ab 2010 sollen Containerschiffe hier ihre Ladung löschen. Giganten, die wegen ihres Tiefgangs von mehr als 14 Metern Hamburg gar nicht und Bremerhaven nur eingeschränkt erreichen, die Jade mit ihrer über 18 Meter tiefen Fahrrinne dagegen jederzeit befahren können.

3000 bis 4000 Arbeiter wären im Einsatz, um den Jade-Weser-Port zu bauen, anschließend würden rund 1000 dauerhafte Arbeitsplätze im Hafen entstehen. Aber eine Unsicherheit bleibt: Der Beginn der Bauarbeiten am Port steht bereits seit 2003 „unmittelbar“ bevor und wird doch von Jahr zu Jahr verschoben; zuletzt im Herbst 2007, weil sich zwei Konzerne einen Rechtsstreit um die Auftragsvergabe lieferten. Bleibt also abzuwarten, ob die lokale Presse recht behält. Sie schreibt bereits von der „Fata Morgana am Jadebusen“.

Lange Leitung: Seekabel-Endstelle in Norden

HIGHTECH

## GUT VERBUNDEN DURCH DIE MEERE

In der ostfriesischen Stadt Norden liegt ein Knotenpunkt der internationalen Kommunikation: Von hier aus gehen E-Mails durch Seekabel in die ganze Welt

**DEUTSCHLANDS VERKEHRSMETROPOLE** liegt in der ostfriesischen Stadt Norden – etliche Kilometer entfernt von der nächsten Autobahn und ohne ICE-Anbindung. Doch fast jeder Internetnutzer war schon hier. Auf Durchreise. Virtuell.

Egal wo die Reise einer deutschen E-Mail etwa in die USA oder Richtung Asien beginnt und endet, sie führt in der Regel über Norden: Hier, bei der Seekabel-Endstelle der Deutschen Telekom, werden die Landkommunikationsnetze mit Unterseeleitungen zusammengeschaltet. Die digitalen Sprach- und Datenpakete, die hier ankommen, werden in Lichtsignale umgewandelt und in elf Seekabel eingespeist. Das längste Kabel „Sea Me We 3" führt über 38 000 Kilometer nach Japan und Australien, das modernste hat zwischen Europa und Nordamerika eine Übertragungskapazität von 1,28 Terabit, also dem Inhalt von 250 CDs pro Sekunde. Dabei sind die Leitungen der Seekabel-Endstelle nicht dicker als ein Arm. Die empfindlichen Hauptschlagadern des internationalen Datenverkehrs werden in Küstennähe unterirdisch verlegt, auf See liegen sie in der Regel auf dem Meeresgrund – und sind besonders gefährdet durch ausgeworfene Anker oder Erdrutsche.

Immer wieder geht deshalb in der Seekabel-Endstelle in Norden der Alarm. Kann der Schaden nicht von Land aus behoben werden, rückt innerhalb von 24 Stunden ein Schiff aus, an Bord Spezialanker, Tauchroboter und verschiedene Seekabel. Vor einigen Jahren etwa kappte ein Bauunternehmer, der eine Grube aushob, quasi nebenher die deutsch-amerikanischen Beziehungen – versehentlich, versteht sich. ■ *Kerstin Friemel*

ROHSTOFF

## »VERSORGUNGSSICHERHEIT« ODER VERZICHTBARE STÖRUNG?

Deutschlands größtes Ölvorkommen liegt vor der Küste. Hier soll neu gebohrt werden – mitten im Naturschutzgebiet

**WIE EIN STÄHLERNES MONSTER** ragt Deutschlands einzige Offshore-Ölplattform aus dem Wattenmeer. „Mittelplate" ist ungefähr so groß wie ein Fußballfeld und liegt nur etwa acht Kilometer vor der schleswig-holsteinischen Küste. Seit 1987 pumpen die Energiekonzerne RWE Dea und Wintershall hier jährlich rund zwei Millionen Tonnen Öl aus 2000 bis 3000 Meter Tiefe. Das entspricht etwa 1,8 Prozent des deutschen Gesamtverbrauchs. Umweltschützer sagen, diese Menge sei so gering, dass man gut auf sie verzichten könne. Vertreter der Ölfirmen sehen das naturgemäß anders. Sie wollen erneut nach Öl suchen und planen sechs Probebohrungen vor Niedersachsen und Schleswig-Holstein. Etwa 100 Millionen Tonnen Öl vermuten sie unter dem Meeresboden.

Dort, wo gesucht werden soll, ist das Wattenmeer allerdings Nationalpark; nirgendwo sind Flora und Fauna strenger geschützt als hier. Greenpeace und WWF laufen Sturm gegen die Pläne der Energiekonzerne: Die Bohrungen seien so störend „wie eine Pommesbude im Kölner Dom", so ein WWF-Vertreter. Zwar ist bislang noch nie Öl aus Mittelplate ausgetreten; die Bohrinsel gilt als eine der sichersten weltweit. Doch völlig auszuschließen ist ein Unglück nie. Und wo, fragen die Umweltaktivisten, wenn nicht einmal in Schutzgebieten, werde der Industrie noch Einhalt geboten? Die hält dagegen, dass sie einen „Beitrag zur Versorgungssicherheit" leiste. Zudem hatte die Bohrinsel Mittelplate bereits eine Betriebserlaubnis, bevor der Nationalpark geschaffen wurde; die Erdölproduktion ist daher im Nationalparkgesetz verankert. Steigende Ölpreise und damit verbundene Gewinnerwartungen dürften ein weiterer Anreiz für die Unternehmen sein, die strengen Auflagen für Probebohrungen zu erfüllen. In Schleswig-Holstein etwa müssen RWE Dea und Wintershall nachweisen, dass sie Ölquellen vom Festland oder von Mittelplate aus anzapfen können; eine neue Bohrinsel wird es nicht geben. Das bedeutet, dass bis zu 15 Kilometer lange Bohrungen durch das Gestein getrieben werden müssten. Die zurzeit längsten Querbohrungen an der deutschen Küste reichen nur gut neun Kilometer weit.

**Mittelplate: Öl im Wert von rund einer Milliarde Euro jährlich**

# service

Die wichtigsten Tipps und Adressen

DEUTSCHE NORDSEE



## DIE RIVIERA VOR DER HAUSTÜR

Egal ob Spontanreise oder von langer Hand geplanter Urlaub: Die Nordseeküste macht Lust, sie immer wieder aufs Neue zu entdecken – in ihrer ganzen Vielfalt

**ORIENTIERUNG**

### ANREISE

Per Auto, Zug, Bus oder Flugzeug – fast alle Orte an der Nordsee sind problemlos zu erreichen. Einzig bei einigen Inseln müssen Sie darauf achten, dass die Fähren gezeitenabhängig fahren und sich die Fahrpläne entsprechend täglich ändern. Für alle Inseln der Nordsee gilt: Im **Internet** sind sie jeweils zu finden unter *www.INSELNAME.de*. Dort wird in der Regel auch auf die Fährpläne verwiesen. **Autos** dürfen auf alle Nordfriesischen Inseln mitgenommen werden; bei den Ostfriesischen Inseln ist dies nur für Borkum und Norderney möglich; an allen Fährhäfen gibt es gebührenpflichtige Parkplätze. Ein besonderer Service für Zugreisende: Die **Deutsche Bahn** bietet neuerdings eine schnellere Verbindung nach Amrum und Föhr an. IC-Gäste aus Richtung Köln, Frankfurt/M. und Dresden können eine Fahrkarte einschließlich Fähre buchen und haben in Dagebüll direkten Anschluss an die Schiffe zu den Inseln. Die Reisezeit nach Föhr verkürzt sich so um 75 Minuten, jene nach Amrum gar um drei Stunden. Informationen unter *www.bahn.de/nordseeinseln* oder unter der Servicenummer 118 61.

Für **Sparfüchse**: Von Hamburg-Altona an die Nordsee und zurück kommt man mit der Nord-Ostsee-Bahn per Schleswig-Holstein-Ticket: Für bis zu fünf Personen kostet es 29 € am Automaten (31 € am Schalter), gilt wochentags ab 9 Uhr bis 3 Uhr des Folgetags und samstags oder sonntags ganztägig. Informationen: *www.nord-ostsee-bahn.de* oder Hotline: 0180/101 80 11.

### URLAUBSTIPPS

Einen guten Überblick über **Urlaubsangebote** und **Veranstaltungen** an der niedersächsischen Küste zwischen Emden und Otterndorf und auf den sieben Ostfriesischen Inseln bekommen Sie hier:

■ **Die Nordsee GmbH,** *Postfach 2106, 26414 Schortens, Service-Tel. 01805/20 20 96 (0,14 €/Min.), www.die-nordsee.de.* Im kostenlosen „Nordsee-Magazin" finden Sie außerdem viele Serviceadressen und Tipps.

Wen es nach Nordfriesland zieht, der bekommt guten Rat, Broschüren und Adressen für seine Urlaubsplanung bei:

■ **Tourismus-Agentur Schleswig-Holstein,** *Wall 55, 24103 Kiel, Service-Hotline: 01805/60 06 04 (0,14 €/Min.), www.sh-tourismus.de*; oder

■ **Nordsee-Tourismus-Service GmbH,** *Postfach 1611, 25806 Husum, Service-Hotline: 01805/06 60 77 (0,14 €/Min.), www.nordseetourismus.de.*

Regionale Auskünfte erhalten Sie zum Beispiel unter *www.dithmarschen-tourimus.de, www.frieslandtouristik.de* oder *www.ostfriesland.de.*

### NATIONALPARKS

Unter *www.wattenmeer-nationalpark.de* stellen sich die drei Nationalparks Niedersächsisches, Hamburgisches und Schleswig-Holsteinisches Wattenmeer vor. Junge Menschen können sich hier außerdem über die Möglichkeit erkundigen, ihren Zivildienst, ein freiwilliges ökologisches Jahr oder ein Praktikum zu absolvieren; auch werden Themen für Studienarbeiten angeboten.

### BITTE NICHT!

Dünen sind Lebensschutz – aber nur, solange sie von Strandhafer oder ähnlichen Pflanzen zusammengehalten werden. Betreten Sie deshalb keine Dünen abseits der erlaubten Wege. Im Naturschutzgebiet sollen außerdem keine Pflanzen gepflückt werden. Berühren Sie auch Seehunde nicht, und füttern Sie keine Möwen. →

**Spielerische Beschäftigung ohne Mangel an Material: Am Weststrand von Norderney urlauben gern Familien mit Kindern**

## Romane, Krimis, Sachbücher

■ **Alex Capus: Eine Frage der Zeit.** Knaus, 2007, 19,90 €.
Im Jahre 1913 erhalten drei Arbeiter der Papenburger Meyer Werft einen ungewöhnlichen Auftrag: Sie sollen ein Dampfschiff, säuberlich zerlegt, nach Afrika bringen und am Tanganjikasee wieder zusammenbauen. Eine schier unglaubliche Geschichte, die doch auf Fakten beruht: Das Schiff aus Papenburg, zweimal versenkt, verkehrt noch heute als Fähre auf dem See.

■ **Klaus Schafmeister: Höllenfahrt.** Schöffling & Co., 2007, 19,90 €.
Als ihr Vater krank wird, kehrt die junge Engelke Kristensen widerstrebend nach Holgrunt zurück. Packend beschreibt Klaus Schafmeister die Sonderlinge, die Geheimniskrämerei, die Enge auf dem fiktiven Eiland – und den Sturm, der alles aus den Fugen hebt.

■ **Sandra Lüpkes: Das Sonnentau-Kind.** Rororo, 2007, 7,90 €.
Zum fünften Mal schickt Sandra Lüpkes, Fachfrau für Küsten- und Inselkrimis, ihre Auricher Kommissarin Wencke Tydmers auf Verbrecherjagd. Wer hat den Jungen ermordet, der in Moordorf gefunden wurde? Ganz neu ist im April 2008 „Die Blütenfrau" erschienen: Tydmers muss den Tod zweier Schülerinnen klären.

■ **Richard Pott: Die Nordsee. Eine Natur- und Kulturgeschichte.** C. H. Beck, 2003, 14,90 €.
Auf 351 Seiten führt der Hannoveraner Professor Richard Pott durch die Entstehung der Nordsee, die Geschichte ihrer Besiedlung, durch die Tier- und Pflanzenwelt, erläutert aber auch die wirtschaftliche Entwicklung der Region. Ein Buch, das trotz hoher Faktendichte unterhaltsame Lektüre bietet.

■ **Manno Peters Tammena: Ostfriesische Vornamen. Von Aafke bis Zwaantje.** SKN Bibliothek Ostfriesland, 2005, 16,80 €.
Dass Ostfriesen ein recht eigenes Volk sind, ist bekannt. Warum sie ihre Kinder Thees, Ippe oder Aaltje nennen und früher Mädchen gar Peter tauften, erklärt Tammena mit Humor und Detailkenntnis.

■ **Georg Quedens: Unter hohem Himmel. Inseln und Halligen.** Ellert & Richter, 2006, 14,95 €.

Fotograf, Autor und Heimatforscher Georg Quedens, ein waschechter Amrumer, zeigt die norddeutsche Küste in ihrer inspirierenden Schönheit und zerstörerischen Rauheit. Und erzählt aus erster Hand vom Leben der Menschen und Tiere.

# DAS WISSEN DER NORDLICHTER

Sie kennen jeden Winkel ihrer Region: Journalisten aus 15 Nordsee-Redaktionen beschreiben, was Besucher vor Ort auf keinen Fall verpassen sollten. Die Karte auf Seite 150/151 zeigt, von wo welche Zeitung berichtet

## ❶ OSTFRIESISCHE NACHRICHTEN, AURICH

*Ralf Klöker, Chefredakteur*

**HIER RAUSCHT DIE NORDSEE AM SCHÖNSTEN:** wo die Ems in die Nordsee mündet, **An der Knock**, einer Landspitze westlich von Emden.

**DIESES ORIGINAL DÜRFEN SIE NICHT VERPASSEN:** das **Oll Reef Hus**, Moorlager Weg 4, Großefehn/Wrisse, Tel. 04943/14 11. Ostfrieslands kuriosestes Café ist Teestube und Museum zugleich (nur sonntags).

**IN DIESEM HOTEL SOLLTEN SIE ÜBERNACHTEN:**
Wenn es gut und günstig sein soll: **Altstadthotel Twardokus,** Kirchstraße 4–6, Aurich, Tel. 04941/990 90, www.twardokus.de. Wenn es luxuriös sein darf: **Inselhotel Vier Jahreszeiten,** Georg-Schütte-Platz 4, Borkum, Tel. 04922/92 00, www.inselhotel.de.

**DIE LUSTIGSTE WATTFÜHRUNG:** macht Wattführer **Martin Rieken** aus Aurich. Er neigt wahrlich nicht zur Melancholie. Tel. 04941/82 60, www.wattfuehrer-rieken.de.

**MÜSSEN SIE PROBIEREN:** Grünkohl mit Pinkel, Snirtje (Schweinefleisch) und Updrögt (luftgetrocknete Bohnen) mit traditionellem Mehlpütt, einem über heißem Wasserdampf gegarten Mehlkloß.

**DIE BESTEN KRABBENBRÖTCHEN:** **Auricher Wochenmarkt,** Di und Fr 8–14 Uhr, Sa 7–15 Uhr, und **Hafen von Neuharlingersiel**.

**BEI SCHIETWETTER:** mit der Familie in den **Spielpark Klabautermann**, Sattlerstraße/Gewerbegebiet Ost, Esens, Tel.04971/92 75 71, www.spielpark-klabautermann.de, geöffnet Do und Fr 14–19 Uhr, Sa und So 10–19 Uhr.

**DAMIT HABEN SIE NICHT GERECHNET:** Sie können quer durch das Große Meer laufen – einen **Niedermoorsee** im Südbrookmerland zwischen Aurich und Emden.

**DIESES DATUM WIRD GEFEIERT:** **Klaasohm auf Borkum,** jährlich in der Nacht vom 5. zum 6. Dezember steht die Insel Kopf.

**MEIN PERSÖNLICHER TIPP:** Zwischen 25. Juni und 19. Juli 2008 finden auf dem Markt von Marienhafe die **5. Störtebeker-Freilichtspiele** unter dem Titel „De See gifft, de See nimmt" statt.

## ❷ STRANDLOOPER JUIST

*Reiner Behrends und Thomas Koch, Herausgeber*

**HIER RAUSCHT DIE NORDSEE AM SCHÖNSTEN:** am westlichen Ende der Insel, der Bill, vor dem Restaurant **Domäne Bill**, in dem es legendäre Rosinenstuten gibt: Tel. 04935/12 12, geöffnet 11–17 Uhr, Mi Ruhetag.

**DIESES ORIGINAL DÜRFEN SIE NICHT VERPASSEN:** In seinem Geschäft verkauft **Reiner Behrends** Schrauben und Nägel noch einzeln. **Haushaltswaren Behrends,** An der roten Leuchttonne, Herrenstrandstraße 8, Tel. 04935/10 75, www.juistflagge.de.

**IN DIESEM HOTEL SOLLTEN SIE ÜBERNACHTEN:**
Wenn es gut und günstig sein soll: **Hotel Friesenhof,** Strandstraße 21, Tel. 04935/80 60, www.friesenhof.info; **Hotel Worch,** Friesenstraße 11 und 28, Tel. 04935/91 70, www.hotel-worch.de.
Wenn es luxuriös sein darf: **Hotel Achterdiek,** Wilhelmstraße 36, Tel. 04935/80 40, www.

**Mit bäuerlichem Charme: das Ausflugslokal »Domäne Bill« auf Juist**

hotel-achterdiek.de; **Hotel Pabst**, Strandstraße 15–16, Tel. 04935/ 80 50, www.hotelpabst.de.

**DIE SPANNENDSTE WATTFÜHRUNG:** macht Wattführer **Heino Behring**, Tel. 0178/164 03 75, www.heino-juist.de.

**MÜSSEN SIE PROBIEREN:** ostfriesische **Bontjesopp** – keine Bohnensuppe, sondern ein Branntwein mit Rosinen und Kandiszucker.

**DIE BESTEN KRABBENBRÖTCHEN:** gibt's in der **Fischbude** von Kay und Uda Schönrock, Flughafenstr. 1.

**BEI SCHIETWETTER:** Teetrinken im **Lütje Teehus**, Dünenstraße 2, Tel. 04935/91 43 56, www.juist-gastronomie.de.

**DAMIT HABEN SIE NICHT GERECHNET:** Wenn Sie einem Polizisten begegnen, sitzt dieser mit großer Wahrscheinlichkeit auf einem Fahrrad.

**DIESES DATUM WIRD GEFEIERT:** **9. Töwerland Musikfestival**, 22.–24. Mai 2008, **4. Juister Hafenfest**, 19. und 20. Juli 2008.

**MEIN PERSÖNLICHER TIPP:** Wandern Sie am Hammersee entlang bis zur **Domäne Bill**. Dort ostfriesischen Tee mit Rosinenstuten genießen, um anschließend die Inselspitze zu umrunden. Den Sonnenuntergang sollten Sie vom **Café Strandhalle** aus beobachten.

## 3 HE! NORDERNEY

*Anja Pape, Herausgeberin*

**HIER RAUSCHT DIE NORDSEE AM SCHÖNSTEN:** am Strand der **Weißen Düne**, östlich der Stadt Norderney.

**DIESES ORIGINAL DÜRFEN SIE NICHT VERPASSEN:** Herb und mit intensivem Abgang – Norderneyer **Altöl**, ein Lakritzschnaps mit kräftigem Alkoholanteil.

**IN DIESEM HOTEL SOLLTEN SIE ÜBERNACHTEN:**
Wenn es gut und günstig sein soll: Die jüngste **Jugendherberge** liegt besonders strandnah, Mühlenstr. 1, Telefon 04932/84 09 00, www.jugendherberge.de/jh/norderney. Wenn es luxuriös sein darf: das **Strandhotel Pique**. Es bezieht übrigens als eines der ersten Hotels reinen Ökostrom vom lokalen Anbieter, Am Weststrand 3–4, Tel. 04932/939 30, www.hotel-pique.de.

**MÜSSEN SIE PROBIEREN:** Updrögt-Bohnen, von der **Fleischerei Deckena**, Friedrichstraße 16, Tel. 04932/911 20, www.inselmanufaktur.de.

**DIE BESTEN KRABBENBRÖTCHEN:** Mein Favorit ist der Bismarckhering am **Kiosk** zwischen Surfcafé und dem Strandrestaurant Riffkieker, Am Januskopf.

**BEI SCHIETWETTER:** Kleinere Kinder basteln gern in Norderneys Kinderspielhaus **Kleine Robbe**, Am Weststrand 11, Tel. 04932/ 93 54 95, www.kuekennest.de, geöffnet März–Dezember Mo–Fr 10–13 und 14–17 Uhr. Erwachsene können zur Runderneuerung ins **bade:haus**, Am Kurplatz, Tel. 04932/89 10, geöffnet tägl. 9.30–21.30 Uhr, www.badehaus-norderney.de.

**DAMIT HABEN SIE NICHT GERECHNET:** **Selden Rüst** (selten Ruhe) ist die einzige Windmühle der Ostfriesischen Inseln. Wenn Sie an einem Mittwochvormittag vor ihr stehen (Marienstraße/ Mühlenstraße), kann es sein, dass sich die Flügel zu drehen beginnen. Getreide mahlt die Mühle zwar nicht mehr, aber zwei ehrenamtliche Inspekteure warten sie einmal pro Woche liebevoll.

**DIESES DATUM WIRD GEFEIERT:** Für ein „Prost Neejoahr" geben sich Norderneyer auch schon mal die Hand. Ansonsten hat man sich das Händeschütteln weitgehend abgewöhnt. Vielleicht trifft man sich einfach zu oft.

**MEIN PERSÖNLICHER TIPP:** Als absolut unwissend entlarvt sich, wer bei der Begrüßung „Moin, moin!" sagt. Der Norderneyer grüßt mit einem knappen „He!" – aber nur, wenn man sich kennt. Gäste sind mit einem einfachen „Moin!" gut beraten.

## 4 DIE INSELGLOCKE BALTRUM

*Sabine Hinrichs, Redakteurin*

**HIER RAUSCHT DIE NORDSEE AM SCHÖNSTEN:** überall rund um die kleinste Ostfriesische Insel.

**DIESES ORIGINAL DÜRFEN SIE NICHT VERPASSEN:** die **Alte Inselkirche** von 1826. Das älteste noch existierende Gebäude der Insel birgt im hölzernen Glockenturm eine alte Schiffsglocke – die „Inselglocke", das Wahrzeichen Baltrums.

**IN DIESEM HOTEL SOLLTEN SIE ÜBERNACHTEN:**
Wenn es gut und günstig sein soll: **Hotel Strandhof**, Familie Gerold Mennen, Haus Nr. 123, Tel. 04939/ 890, www.strandhofbaltrum.de. Wenn es luxuriös sein darf: **Strandhotel Wietjes**, Westdorf 58, Tel. 04939/918 10, www.wietjes.de.

**DIE SPANNENDSTEN WATTFÜHRUNGEN:** machen **Horst Unger** und **Torsten Moschner** vom Nationalpark-Haus Baltrum, Haus Nr. 177, Tel. 04939/469 (auch für Kinder!). Oder Sie lassen sich von **Hans-Jürgen Barow**, Tel. 04939/ 91 03 27, zum Festland führen. Eine Besonderheit ist das jährlich stattfindende **Schach-Watt-Turnier** – Blitzschach auf dem Meeresgrund zwischen Ebbe und Flut, www.schachwatt.de.

**MÜSSEN SIE PROBIEREN:** die Fischgerichte im Restaurant **Moby Dick**, inklusive Walfängeratmosphäre. Hotel Seehof, Westdorf 86, Tel. 04939/249, www.seehof-baltrum.de. Den Sanddorngrog im **Skippers' Inn**, Haus Nr. 50, www.skippers-inn.de.

**DIE BESTEN KRABBENBRÖTCHEN:** gibt's bei **Feldmanns Fischecke** im Ostdorf, Haus am Wäldchen Nr. 97, Tel 04939/393.

**BEI SCHIETWETTER:** Familien können sich im **SindBad Badeparadies** vergnügen, Westdorf, geöffnet März–Juni Mo–Sa 10–18 Uhr, Juli bis 15. September Mo–Sa 12–19 Uhr, 16. September bis 2. November Mo–Sa 10–18 Uhr, www.baltrum.de; Kinder toben sich in **Onnos Kinderspöölhus** aus, Haus Nr. 68, Tel. 04939/80 36, geöffnet Mitte März bis Ende Oktober. Für Erwachsene: **Café Kluntje** im Alten Ostdorf, Haus Nr. 29, Tel. 04939/419, www.kluntje.com; **Café Klönschnack**, Südseite, Tel. 04939/537, www.meeres woge-baltrum.de.

**DAMIT HABEN SIE NICHT GERECHNET:** Auf Baltrum haben die Straßen keine Namen – dafür sind die Häuser nummeriert. Gäste der Insel merken sich am besten den Namen ihres Vermieters, der sie meist von der Fähre abholt oder eine Kofferkarre mit dem Hausnamen bereitstellt.

→

**DIESES DATUM WIRD GEFEIERT:** Am 15. Mai ist **traditionelles Anbaden**. Wassertemperatur für die ersten Schwimmer des Jahres: meist um die 13 Grad Celsius.
**MEIN PERSÖNLICHER TIPP:** ein Besuch im 2007 eröffneten Museum **Altes Zollhaus**, Haus Nr. 18, www.baltrum.org/der_bummert.php. Im denkmalgeschützten „Bummert" – einem ostfriesischen Doppelhaus – kann man während einer Hörführung Geschichten über die Insel lauschen.

## 5 LANGEOOG NEWS

*Klaus Kremer (rechts), Herausgeber, und Team*

**HIER RAUSCHT DIE NORDSEE AM SCHÖNSTEN:** am 14 Kilometer langen weißen **Sandstrand an der Nordseite** der Insel. Das traditionsreiche Café und Restaurant **Strandhalle**, Höhenpromenade 5, Tel. 04972/99 07 76, www.strandhalle.info, und das Panoramarestaurant **Seekrug**, Höhenpromenade 1, Tel. 04972/383, www.seekrug.de, bieten einen beeindruckenden Blick über die Dünen, den Strand und die Nordsee.
**DIESES ORIGINAL DÜRFEN SIE NICHT VERPASSEN:** Oh, gleich mehrere nicht! **Jonny Vestering**, Fußballlegende der Insel, freut sich über Besucher unseres Wahrzeichens, des Wasserturms. Der **Shantychor de Flinthörners** bietet neben Seemannsliedern noch so manche Döntjes van de Waterkant (www.de-flinthoerners.de). Die **Langeooger Inselbühne** spielt „sprachlich entschärfte" plattdeutsche Lustspiele im Kurzentrum. Das **Café Sonnenhof**, Tel. 04972/713, www.cafe-sonnenhof.de, ehemaliges Anwesen der Sängerin Lale Andersen, ist einen Besuch wert. Auch Inselkünstler **Anselm**, der Malkurse gibt, gilt als Original: *www.anselm-langeoog.de*.

**IN DIESEM HOTEL SOLLTEN SIE ÜBERNACHTEN:** Außergewöhnlich ist das **Retro Design Hotel**, das bis ins Detail den Stil der wilden 1970er Jahre kopiert, Abke-Jansen-Weg 6, Tel. 04972/682 99 90, www.retro-design-hotel.de.
**DIE LUSTIGSTE WATTFÜHRUNG:** macht **Uwe Garrels**, Tel. 04972/69 31 68, der neben Watt- und Inselführungen auch Trauungen vornimmt. Kleiner Tipp: Lassen Sie sich von Uwe unbedingt Ebbe und Flut erklären.
**MÜSSEN SIE PROBIEREN:** Von der Sanddorntorte über Sanddornsäfte bis zur Sanddornkosmetik reicht die Palette der Produkte, die aus der vitaminreichen Beere gewonnen werden.
**DIE BESTEN KRABBENBRÖTCHEN:** gibt's im **Fischgeschäft**, An den Bauhöfen 2, Tel. 04972/91 29 60, www.fischgeschaeft.com. Hier wird noch nach alter Tradition auf Buchenholz geräuchert. Zuschauen erwünscht.
**BEI SCHIETWETTER:** geht Langeoog baden, besonders mit Kindern zu empfehlen. Gäste mit Kurkarte können im Kurzentrum täglich 90 Minuten lang das **Meerwasser-Freizeit- und Erlebnisbad** mit Wellenbetrieb besuchen – kostenlos.
**DAMIT HABEN SIE NICHT GERECHNET:** Die Insel gewinnt ihr Trinkwasser aus einer Süßwasserlinse unter dem Pirolatal.
**DIESES DATUM WIRD GEFEIERT:** Ende Juli findet das traditionelle zweitägige **Dörpfest** statt, der Saisonhöhepunkt.

## 6 SPIEKEROOGER INSELBOTE

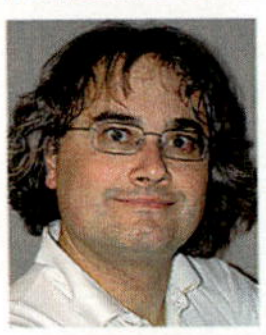

*Hartmut Brings, Herausgeber*

**HIER RAUSCHT DIE NORDSEE AM SCHÖNSTEN:** Auf der **Ostplate** ist Spiekeroog nicht Nordseeheilbad, sondern Wildnis. Nach jeder Tide sieht die Spülkante anders aus.
**DIESES ORIGINAL DÜRFEN SIE NICHT VERPASSEN:** Das **Café Westend** oder **Old Laramie**, Westend 5, Tel. 04976/318, ist mehr als eine Kneipe. Wirt **Dirk Nannen** bietet sonntägliche Tanzmusik ebenso wie nächtliche Rockkonzerte. Dann ist da noch **Jonny Glut**. Dreimal im Jahr tritt der Musiker bei Dirk auf. Fans kommen sogar aus Hannover, um „Ich hab noch Sand in den Schuh'n von Spiekeroog" zu hören.

**Stil der 1970er, Komfort von heute: Retro Design Hotel Langeoog**

**IN DIESEM HOTEL SOLLTEN SIE ÜBERNACHTEN:** im **Strandidyll** hoch oben auf der Düne, Wittdün 1, Tel. 04976/358, www.strandidyll-spiekeroog.de.
**DIE SPANNENDSTE WATTFÜHRUNG: Carsten Heithecker,** Tel. 04976/651, www.watt-erleben.de, Nationalpark-Wattführer mit dem Wissen eines Professors und dem Charisma eines Seebären. **Gerjet Stahl,** Tel. 04976/70 68 84, hält die Kinder bei Laune. Und **Chris Deepen,** Tel. 04976/422, führt auf Wunsch englisch durchs Watt.
**MÜSSEN SIE PROBIEREN:** die Sanddorntorte im **Inselcafé**, Noorderloog 13, Tel. 04976/91 20 10, www.inselcafe.com.
**DIE BESTEN KRABBENBRÖTCHEN:** führt der **Imbiss Meeresfrüchtchen**, Noorderpad 3, Tel. 04976/91 20 20. Wer Zeit hat, kauft Granat und pult selbst.
**BEI SCHIETWETTER:** Kinder vergnügen sich im **Kinderspielhaus Trockendock**, Noorderpad 25, Tel. 04976/919 31 66, Erwachsene im Café-Restaurant **Altes Inselhaus**, Süderloog 4, Tel. 04976/473.
**DAMIT HABEN SIE NICHT GERECHNET:** Im **Künstlerhaus**, Achter d'Diek 3, Tel. 0421/48 04 44 40, www.kuenstlerhaus-spiekeroog.de, zeigt sich Spiekeroog von seiner modernen Seite. In verschiedenen Ateliers werden ganzjährig Kurse gegeben.
**DIESES DATUM WIRD GEFEIERT:** Am 30. April stellt die Inseljugend vor dem Rathaus den geschmückten **Maibaum** auf.
**MEIN PERSÖNLICHER TIPP:** Spiekeroog wäre nichts ohne die Spiekerooger. Die Insel ist kein Museumsdorf, hier leben und arbeiten Menschen. Viele haben etwas Besonderes zu erzählen oder zu zeigen. Man muss sich dafür nur die Zeit nehmen.

## 7 WILHELMSHAVENER ZEITUNG

*Martin Wein, Freier Mitarbeiter*

**HIER RAUSCHT DIE NORDSEE AM SCHÖNSTEN:** neben der großen Terrasse des **Kurhauses von Dangast**, An der Rennweide 46, Tel. 04451/44 09, www.kurhaus-dangast.de. Der Rhabarberkuchen von Karl-August Tapken ist landesweit berühmt – manche glauben, er habe allein dafür das Bundesverdienstkreuz bekommen.

Im Haus und am Strand davor haben Künstler wie Joseph Beuys, Franz Radziwill oder Francis Stewart mit Skulpturen und Gemälden ihre Spuren hinterlassen.
**DIESES ORIGINAL DÜRFEN SIE NICHT VERPASSEN: Arend Roland Rath** – mit rotem Zauselbart sieht der unabhängige Geist wie ein Freibeuter aus. In seinem **Piratenamüseum** im alten Herzen Wilhelmshavens bietet er Kindern, Eltern und Großeltern „InsPIRATionen" auf Augenhöhe, Ebertstr. 88a, Wilhelmshaven, Tel. 04421/40 97 79, geöffnet April–Oktober tägl. 10–17 Uhr, November–März So. 14–18 Uhr, www.piratenmuseum.de.
**IN DIESEM HOTEL SOLLTEN SIE ÜBERNACHTEN:**
Wenn es gut und günstig sein soll: **Kleyhauers Ferienbauernhof** bietet drei gemütliche Ferienwohnungen im alten Bauernhaus von 1860. Von April bis Oktober steht dort auch das gemütliche **Heuhotel** offen. Ulrike und Eilert Kleyhauer, Schreiersort 1, Wangerland, Tel. 04461/70 00 92, www.kleyhauers-ferienbauernhof.de. Wenn es luxuriös sein darf: Ein heißes Bad mit Blick auf die Nordsee, das hat Stil. Wer sich etwas leisten will, der reserviere im 2007 eröffneten **Hotel Seenelke**, Südstrand 120, Wilhelmshaven, Tel. 04421/75 57 67 10, www.hotel-seenelke.de, die Deluxe-Suite unter dem Dach.
**DIE SPANNENDSTE WATTFÜHRUNG:** machen die Brüder **Frank und Ralf Hensel** aus Hohenkirchen (Wangerland); sie marschieren zu vier der sieben Ostfriesischen Inseln und zur unbewohnten Minsener Oldeoog: Tel. 04463/17 16, www.wattwandern.de.
**MÜSSEN SIE PROBIEREN:** echtes Labskaus mit Spiegelei, Roten Beeten, Rollmops und Gewürzgurke. Am besten schmeckt es mit einem Jever Pils aus der nahen Brauerei. Im Idealfall kommen Sie zum **Größten Labskaus-Essen der Welt** am 26. Juli 2008!
**DIE BESTEN KRABBENBRÖTCHEN:** am **Außenhafen von Hooksiel**, fangfrisch vom Kutter.
**BEI SCHIETWETTER:** Mit der Familie klettern Sie die steilen Stufen hinab in den Bauch des Unterseebootes „U 10" auf dem Freigelände des Deutschen Marinemuseums. Daneben wartet mit der „Mölders" das größte Museumskriegsschiff der Republik auf Ihren Besuch. Und falls es doch aufklart, lohnt sich eine Fahrt mit den museumseigenen Hafenbarkassen. **Deutsches Marinemuseum,** Südstrand 125, 26382 Wilhelmshaven, Tel. 04421/410 61, geöffnet April–Oktober tägl. 10–18 Uhr, November–März tägl. 10–17 Uhr, www.marinemuseum.de. Für Erwachsene: Der Legende nach soll die Regentin Maria von Jever 1575 durch einen Geheimgang im **Marienturm** entschwunden sein. Vorher hatte die resolute Dame die Herrschaft Jevers 58 Jahre lang inne. Direkt am Turm werden Kaffee und Kuchen auf ständig wechselnden Geschirrkombinationen serviert: **Marienstübchen** in Altmarienhausen (Gemeinde Sande) am Ems-Jade-Kanal, Tel. 04422/31 86, geöffnet Sa und So 10–19 Uhr.
**DAMIT HABEN SIE NICHT GERECHNET:** Der **Voslapper Groden** im Norden Wilhelmshavens ist eben wie eine Tischplatte. Dennoch gilt er als Berg – kein Friesenwitz! Unter Kuhweiden liegen in riesigen Salzkavernen die strategischen Ölreserven der Bundesrepublik.
**DIESES DATUM WIRD GEFEIERT:** Am ersten Oktober-Wochenende stechen mehr als 1000 Segler in See zur **Regatta um den JadeWeserPort-Cup**, www.jadeweserportcup.de.
**MEIN PERSÖNLICHER TIPP:** Lust auf Seemannsgarn? Im Spijöök gibt es reichlich (ab Mai). Der **Kulturförderverein Kunstdünger** und die **Aktionsgruppe Menschenmüll** haben im Vareler Hafen ein ganzes Kuriositätenmuseum zum Thema aufgebaut. Zu sehen: der einzige Piranha, der sich jemals in die Jademündung wagte, eine Meerjungfrau und die internationale Meerwasserausstellung. Mein Favorit: der „Barfuß" in Formalin. Der soll einem säumigen Zecher abgehackt worden sein, weil ein Wirt die Nase voll hatte … **Spijöök,** Am Hafen 5c, Varel, Tel. 04451/44 88, geöffnet Sa und So 15–17 Uhr.

## 8 NORDSEE-ZEITUNG, BREMERHAVEN

*Thorsten Brockmann, Lokalredakteur*

**HIER RAUSCHT DIE NORDSEE AM SCHÖNSTEN:** im historischen Weserbad, wo man im **Café am Wasserstandsanzeiger** den schönsten Blick auf den Sonnenuntergang hat.
**DIESES ORIGINAL DÜRFEN SIE NICHT VERPASSEN:** Der **Treffpunkt Kaiserhafen** am Alten Bananenpier ist ein uriges Lokal im Überseehafen, das auch „die letzte Kneipe vor New York" genannt wird, Franziusstraße 92, Tel. 0471/422 19, www.treffpunktkaiserhafen.de.
**IN DIESEM HOTEL SOLLTEN SIE ÜBERNACHTEN: Atlantic Hotel Sail City** im neuen Stadtteil Havenwelten, Am Strom 1, Tel. 0471/3099, www.atlantic-hotels.de.
**MÜSSEN SIE PROBIEREN:** Das Labskaus im Fischereihafen-Restaurant **Natusch**, Am Fischbahnhof 1, Tel. 0471/710 21, www.natusch.de. Wenn Sie im Land Wursten zwischen Bremerhaven und Cuxhaven unterwegs sind, sollten Sie sich Röhrkohl – ein grasartiges Gemüse – bestellen.
**DIE BESTEN KRABBENBRÖTCHEN:** gibt's direkt in den **Kutterhäfen** von Dorum und Wremen.
**BEI SCHIETWETTER:** am besten ins **Deutsche Auswandererhaus** (siehe Seite 114).
**DAMIT HABEN SIE NICHT GERECHNET:** Bremerhaven ist die **Hauptstadt der Fischstäbchen**. Täglich werden hier 8,7 Millionen Stück produziert; aneinandergereiht, ergäben sie eine Strecke längs durch Deutschland.
**DIESES DATUM WIRD GEFEIERT: 34. Bremerhavener Festwoche** samt Flottentreffen von Spezialschiffen wie Schleppern,

Schwimmkränen, Ölunfall-Bekämpfungsschiffen, 17.–20. Juli 2008, www.bremerhaven-touristik.de/festwoche.
**MEIN PERSÖNLICHER TIPP:** In der ehemaligen Fischpackhalle IV befindet sich das **Schaufenster Fischereihafen**, An der Packhalle IV, Tel. 0471/ 30 10 003, www.schaufenster-fischereihafen.de. Hier dreht sich alles um Fisch: Restaurants, Hafenkneipen, ein Meerwasseraquarium, ein Seefischkochstudio und mehr.

## 9 CUXHAVENER NACHRICHTEN

*Hans-Christian Winters, Redaktionsleiter*

**HIER RAUSCHT DIE NORDSEE AM SCHÖNSTEN:** in der **Grimmershörnbucht** bei der Kugelbake. Das Wahrzeichen von Cuxhaven – ein hölzerner Turm, der einst als Seezeichen diente – markiert den nördlichsten Punkt Niedersachsens und die geografische Grenze zwischen Elbe und Nordsee.
**DIESES ORIGINAL DÜRFEN SIE NICHT VERPASSEN:** die Aussichtsplattform **Alte Liebe** am Elbufer von Cuxhaven.
**DIE SPANNENDSTEN WATTFÜHRUNGEN:** machen die Wattführer der **Kurverwaltung**. Nur von Cuxhaven aus möglich sind Wattwagentouren zur Insel Neuwerk. Cuxhaven Tourismus, Dünenweg 13, Tel. 04721/66 62 22, www.cuxhaven-tourismus.de.
**DAS MÜSSEN SIE PROBIEREN:** Direkt im **Fischereihafen** gibt es alle Arten von Fisch. Und natürlich Krabben – gut und günstig.
**DIE BESTEN KRABBENBRÖTCHEN:** Auch dafür ist der Fischereihafen die beste Adresse.
**BEI SCHIETWETTER:** mit der Familie ins **Erlebnisbad ahoi!**, Wehrbergsweg 32, Tel. 04721/ 596 03 72, www.ahoi-cuxhaven.de, geöffnet tägl. 9–21 Uhr; **Käpt'n Cux's Hafen,** eine maritime Spiellandschaft, Am Querkamp 35, Tel. 04721/596 50, www.four-play.de, geöffnet Mo–Fr 13–19 Uhr, Sa und So, Feiertage und Ferien 10–19 Uhr; **Feuerschiff Elbe 1,** ein schwimmendes Museum, an der Alten Liebe im Alten Hafen, Museumsbetrieb ab April 2008, www.feuerschiff-elbe1.de. Für Erwachsene: **Joachim-Ringelnatz-Museum,** Südersteinstraße 44, Tel. 04721/ 39 44 11, www.ringelnatzmuseum.de, geöffnet Di–So 10–13 und 14–17 Uhr.
**DAMIT HABEN SIE NICHT GERECHNET:** In der **Altenwalder Heide** grasen Wildpferde, Heckrinder und Konik-Pferde.
**DIESES DATUM WIRD GEFEIERT:** 2008 feiert der Seefischmarkt Cuxhaven seinen 100. Geburtstag. Zelebriert wird er während des **14. Cuxhavener Fischerfestes** (10. und 11. Mai), während der **32. Cuxhavener Hafentage** (19. und 20. Juli) und während der **Open Ship Cuxhaven – 100 Jahre Fischwirtschaft** (15.–17. August).
**MEIN PERSÖNLICHER TIPP:** Probieren Sie das **Kite-Surfen** an der Kugelbake. Gehen Sie raus ins **Duhner Watt** und schwimmen Sie im Priel – das geht auch bei Ebbe. Und dann genießen Sie den **Sonnenuntergang auf Neuwerk**.

## 10 DITHMARSCHER LANDESZEITUNG

*Frank Zabel, Stellvertretender Chefredakteur, Lokalchef*

**HIER RAUSCHT DIE NORDSEE AM SCHÖNSTEN:** Dithmarschen hat kaum Sandstrände, dafür aber die schönsten Logenplätze der Nordseeküste: Auf den grünen Deichen liegen Urlauber wie Einheimische „in der ersten Reihe" – ob im Strandkorb oder im weichen Gras. Wer bei Kaffee und Kuchen den Blick auf Elbe und Nordsee genießen möchte, sollte die **Strandhalle** in Brunsbüttel besuchen, Deichstraße 75, Brunsbüttel, Tel. 04852/ 66 00, www.strandhalle-brunsbuettel.de, geöffnet 11–23 Uhr, im Herbst und Winter Mo Ruhetag. Weiter im Norden rauscht es vor dem **Büsumer Pesel** besonders schön, Südstrand 15, Büsum, Tel. 04834/ 10 40, www.buesumer-pesel.de.

**Treiben lassen: Kajak-Touren als Landpartie auf der Eider**

**DIESES ORIGINAL DÜRFEN SIE NICHT VERPASSEN:** Auf dem **Marktplatz in Heide** bieten Bauern und Fischer aus der Region jeden Sonnabend ihre Produkte an. Häufig besucht auch Alt-Marktmeister **Heinrich Schultz** – ein Dithmarscher Original – die Verkaufsstände. Nach ihm ist sogar ein geistiges Getränk benannt, der Marktmeister Aquavit.
**IN DIESEM HOTEL SOLLTEN SIE ÜBERNACHTEN:**
Wenn es gut und günstig sein soll: Ein kleines Abenteuer ist die Übernachtung in der Heuherberge auf dem **Hof Heuwisch**, insbesondere für Familien mit Kindern geeignet. Heuwisch 1, Neuenkirchen, Tel. 04837/ 90 29 67, www.heuherberge-hof-heuwisch.de.vu.
Wenn es luxuriös sein darf: Gäste des **Golf- und Landhotels Am Alten Deich**, Dorfstraße 32, Warwerort, Tel. 04834/962 00, www.hotel-am-alten-deich.de, wohnen in unmittelbarer Nachbarschaft zum Golfclub Dithmarschen, dessen von Prielen durchzogener Platz teilweise unterhalb des Meeresspiegels liegt.
**DIE SPANNENDSTE WATTFÜHRUNG:** macht **Dierk Reimers**, Tel. 04833/539, aus Wesselburenerkoog – der Mann lebt quasi im Watt. Außergewöhnlich: die 20 Kilometer lange Tour zur Insel Blauortsand und zurück.
**MÜSSEN SIE PROBIEREN:** Mehlbeutel mit Kirschsauce und – je nach Geschmack – Schweinebacke, Grünkohl mit Kochwurst oder Kassler mit süßen Kartoffeln. Dazu gibt es das Bier der Westküste, Dithmarscher Pilsener („Beugelbuddelbeer"). Gesund und lecker gleichermaßen ist das Sauerkraut aus der **Krautwerkstatt von Hubert Nickels**, Bahnhofstraße 22a, Wesselburen, Tel. 04833/458 90, www.kohlosseum.de.
**DIE BESTEN KRABBENBRÖTCHEN:** In **Friedrichskoog** ist die größte Krabbenkutterflotte der Nordseeküste Schleswig-Holsteins beheimatet. Daher gibt es dort am Hafen fangfrische Krabben, auch im Brötchen. Bekannt für seine Krabbenspezialitäten ist **Fischer Urthel**, Hafenstraße 71, Friedrichskoog, Tel. 04854/291, www.urthel.de.
**BEI SCHIETWETTER:** mit der Familie zum **Kerzenhof Dithmarschen**, Judenstraße 10, Schafstedt, Tel. 04805/304, www.kerzenhof-dithmarschen.de. Während die Eltern hausgemachte Kuchen verspeisen, können die Kleinen am hofeigenen Kerzentauchbecken kreativ werden. Für Erwachsene: Schietwetter gibt es in Dithmarschen eigentlich nicht, allenfalls Schietklamotten. Wetterfest anziehen und einen Spaziergang auf dem Deich wagen – und sich anschlie-

ßend bei einem Eiergrog aufwärmen.

**DAMIT HABEN SIE NICHT GERECHNET:** Dithmarschen ist nicht nur das größte zusammenhängende Kohlanbaugebiet Europas (mehr als 80 Millionen Kohlköpfe jährlich), sondern auch Austragungsstätte der „schmutzigsten Spiele aller Zeiten": der **Wattolümpiade in Brunsbüttel**, www.wattoluempiade.de. Sie lockt vom 25. bis zum 27. Juli 2008 „Wattleten" zu uns.

**DIESES DATUM WIRD GEFEIERT:** Unser historisches Datum ist zweifellos der 17. Februar 1500. An diesem Tag schlugen Dithmarschens Bauern ein zahlenmäßig hoch überlegenes Heer des dänischen Königs Johann I. Da wir aber eigentlich ein friedfertiges Völkchen sind, feiern wir alle zwei Jahre den **Heider Marktfrieden**, www.heider-marktfrieden.de, 2008 vom 10. bis zum 13. Juli.

**MEIN GANZ PERSÖNLICHER TIPP:** die **Flusslandschaft Eider-Treene-Sorge** im Norden Dithmarschens. Die Eider ist der „Grenzfluss" zum Nachbarn Nordfriesland und kann mit dem Kanu befahren werden. Der Kanuverleih in Osterrade (Kontakt: Holger Boie, 04802/453 oder -301) bringt die Boote zum gewünschten Startort und holt sie auch wieder ab.

## 11 HUSUMER NACHRICHTEN

*Thomas Graue, Redaktionsleiter Husum*

**HIER RAUSCHT DIE NORDSEE AM SCHÖNSTEN:** Aus dem Pfahlbau **Seekiste**, Am Böhler Strand, St. Peter-Ording, Tel. 04863/475 00, hat man den besten Überblick über den Böhler Strand.

**DIESES ORIGINAL DÜRFEN SIE NICHT VERPASSEN:** Ton, Steine, Scherben – im kleinen **Rungholtmuseum**, Westerschütting 2, Pellworm, Tel. 04844/569, stellt Hobby-Archäologe Hellmut Bahnsen seine Fundstücke in Ikea-Regalen und Pappkartons aus.

**DIE SPANNENDSTE WATTFÜHRUNG:** macht **Dr. Walther Petersen-Andresen**, zum Beispiel ab Dagebüll zur Hallig Oland, Tel. 04667/466, www.wattwanderungen-dagebuell.de.

**MÜSSEN SIE PROBIEREN:** **Pharisäer,** Kaffee mit Sahne und Rum.

**DIE BESTEN KRABBENBRÖTCHEN:** gibt's bei **Fisch-Schleger** am Marktplatz oder in der Siemensstraße 1, Husum, Tel. 04841/70 66.

**BEI SCHIETWETTER:** mit der Familie in die **Dünen-Therme St. Peter-Ording**, Maleens Knoll 2, St. Peter-Ording, Tel. 04863/99 91 61, www.duenen-therme.de. Für Erwachsene: **Storm-Café**, Markt 11, Husum, Tel. 04841/56 30.

**DAMIT HABEN SIE NICHT GERECHNET:** Der **Stollberg** entstand als Altmoräne der Saale-Eiszeit, die sich nördlich der Stadt Bredstedt zu einer stolzen Höhe von rund 43 Metern erhebt. Ein erstklassiger Aussichtspunkt: Am Horizont liegen die Halligen im Meer, davor die Köge.

**DIESES DATUM WIRD GEFEIERT:** Am 11. und 12. Oktober 2008 finden die **Husumer Krabbentage** statt.

**MEIN PERSÖNLICHER TIPP:** Die Badestelle **Hamburger Hallig** vor Bredstedt – liegt mitten im Wattenmeer und ist doch zu Fuß, per Rad und mit dem Auto erreichbar.

## 12 NORDFRIESLAND TAGEBLATT

*Ute Weiß, Lokalredaktion Niebüll*

**HIER RAUSCHT DIE NORDSEE AM SCHÖNSTEN:** südlich des Fähranlegers Dagebüll. Die bunten Badebuden dort werden leider nur weitervererbt.

**DIESES ORIGINAL DÜRFEN SIE NICHT VERPASSEN:** den Garten der Nolde Stiftung Seebüll. Das heutige Museum war einst Emil Noldes Wohnhaus. **Stiftung Seebüll,** Neukirchen, Tel. 04664/98 39 30, www.nolde-stiftung.de, geöffnet 1. März bis 30. November, tägl. 10–18 Uhr.

**DIE LUSTIGSTE WATTFÜHRUNG:** macht **Boy Boysen** aus Klanxbüll, Tel. 04668/920 00, www.fewo.org/wattwanderungen.

**MÜSSEN SIE PROBIEREN:** Wiensupp (Wein-Graupen-Suppe) mit Schinken.

**DIE BESTEN KRABBENBRÖTCHEN:** gibt's im **Hafen von Dagebüll**.

**BEI SCHIETWETTER:** Für Familien hält der Ostermooriger Friesenverein im **Andersen-Hüs**, Klockries 64, Risum-Lindholm, Tel. 04661/22 91, www.andersen-hues.de, lokale Sitten und Gebräuche lebendig. Für Erwachsene bietet der **Charlottenhof**, Kultur- und Tagungshaus, Osterklanxbüll 4, Klanxbüll, Tel. 04668/921 00, www.dercharlottenhof.de, ganzjährig Kultur: von der Kafka-Lesung auf Platt bis zum Julia-Neigel-Konzert.

**DAMIT HABEN SIE NICHT GERECHNET:** Am Ostersonnabend marschieren Mitglieder des Handels- und Gewerbevereins Niebüll als Hasen durch den Ort.

**DIESES DATUM WIRD GEFEIERT:** Immer am ersten September-Wochenende findet in Leck das legendäre **Bürgerfest** statt, www.buergerfestverein.de.

**MEIN PERSÖNLICHER TIPP:** Während einer **Draisinenfahrt** ab Leck – mit eigener Muskelkraft – die Landschaft erkunden, www.draisinentour-nf.de.

## 13 INSEL-BOTE FÖHR

*Dirk Jenßen, Lokalredaktion Wyk*

**HIER RAUSCHT DIE NORDSEE AM SCHÖNSTEN:** Der **Strandabschnitt der Gemeinde Utersum** gilt als der schönste der Insel. Ein größerer Priel bietet auch bei Niedrigwasser Badespaß mit Blick auf Sylt und Amrum.

**DIESES ORIGINAL DÜRFEN SIE NICHT VERPASSEN:** **Heie Sönksen-Martens'** Führung durch das Oevenumer Dorfmuseum ist der

**Im Blumenmeer: das Nolde Museum in Neukirchen**

Nordfriesische Tradition: das »Biikebrennen« am 21. Februar

Hit für große und kleine Besucher. **Dorfmuseum Oevenum,** Buurnstrat 48, Tel. 04681/26 73, geöffnet Di–So 14–17 Uhr, Mo und vormittags nur nach Voranmeldung.

**DIE LUSTIGSTE WATTFÜHRUNG:** macht Inseloriginal **Kapitän Oluf Jensen**, Tel. 04683/14 18.

**MÜSSEN SIE PROBIEREN:** Föhrer Deichlamm – lecker!

**DIE BESTEN KRABBENBRÖTCHEN:** jeden Sonntag auf dem **Fischmarkt am Hafen Wyk**.

**BEI SCHIETWETTER:** ins Wellenbad in Wyk! **AquaWyk,** Feldstraße 36, Wyk auf Föhr, Tel. 04681/300, www.aquawyk.de.

**DAMIT HABEN SIE NICHT GERECHNET:** Die Föhrerinnen tragen ihre traditionelle Tracht nicht zu touristischen Anlässen, sondern bei privaten Feiern wie Taufen und Hochzeiten.

**DIESES DATUM WIRD GEFEIERT:** Pfingstsonntag und -montag fährt die Dorfjugend in geschmückten Fuhrwerken über Land.

**MEIN GANZ PERSÖNLICHER TIPP:** Im Töpfercafé **Stellys Hüs**, Haus 38, in Oldsum kann man bei Kaffee und Kuchen der Töpferin bei der Arbeit zuschauen. Tel. 04683/306.

## ⑭ INSEL-BOTE AMRUM

*Petra Kölschbach, Lokalredaktion Wyk*

**HIER RAUSCHT DIE NORDSEE AM SCHÖNSTEN:** am **Kniepsand** zwischen Nebel und Norddorf.

**DIESES ORIGINAL DÜRFEN SIE NICHT VERPASSEN:** Jeder Diavortrag des Amrumer Naturfotografen und Inselchronisten **Georg Quedens** ist einen Besuch wert.

**DIE SPANNENDSTE WATTFÜHRUNG:** macht **Reinhard Boyens**, Tel. 04682/16 69, www.wattwandern-amrum.de.

**MÜSSEN SIE PROBIEREN:** Ich empfehle unbedingt eine Krabbensuppe.

**DIE BESTEN KRABBENBRÖTCHEN:** im Fischladen **Butt'ze** in der Wittdüner Inselstraße.

**BEI SCHIETWETTER:** Für Familien bietet sich das **Abenteuerland Amrum** an, eine umgebaute Tennishalle mit Kletterberg, Riesenrutsche, Hüpfburgen und weiteren Attraktionen: Hoofstich 3, Norddorf, Tel. 04682/96 86 64, www.abenteuerland-amrum.de, geöffnet April–Oktober Mo–Sa 10–18 Uhr, So 12–18 Uhr, November–März Sa und So 12–18 Uhr. Erwachsene sollten sich kräftig vom Wind durchpusten lassen und dann mit Grogs oder Tees aufwärmen im **Friesen-Café**, Uasterstigh 7, Nebel, Tel. 04682/966 20, www.friesen-cafe.de.

**DAMIT HABEN SIE NICHT GERECHNET:** Auf Amrum wachsen nicht nur Dünengras und Heidekraut – die Insel gilt als die waldreichste deutsche Nordseeinsel. Der Wald umfasst 180 Hektar, das sind zehn Prozent der Inselfläche.

**DIESES DATUM WIRD GEFEIERT:** Am **Silvesterabend** ziehen verkleidete Gestalten, die Hulken, von Haus zu Haus und lassen sich mit Süßigkeiten oder alkoholischen Getränken bewirten.

**MEIN PERSÖNLICHER TIPP:** eine Führung im **Wittdüner Seezeichenhafen**. Dort erfährt man alles über Fahrwasser, Leuchtfeuer und Tonnen.

## ⑮ SYLTER RUNDSCHAU

*Jörg Christiansen, Redaktionsleiter*

**HIER RAUSCHT DIE NORDSEE AM SCHÖNSTEN:** auf dem **Lister Ellenbogen** direkt am westlichen Leuchtfeuer.

**DIESES ORIGINAL DÜRFEN SIE NICHT VERPASSEN:** Ein Auftritt von Insel-Kabarettist **Manfred Degen**, www.manfred-degen.de, ist Pflicht. Dabei erfährt man, wie der gemeine Sylter tickt. Besuch goutiert auch **Kegelrobbe Willi** (die eigentlich eine Wilhelmine ist): Sie lässt sich im Hörnumer Hafen lieber mit Fisch füttern, als ihn selbst zu fangen.

**IN DIESEM HOTEL SOLLTEN SIE ÜBERNACHTEN:**
Wenn es gut und günstig sein soll: Das **Long Island House**, Eidumweg 13, Westerland, Tel. 04651/995 95 50, www.syltzimmer.de. Kleines, stilvolles Hotel garni im Süden von Westerland. Empfehlenswert auch das zentral gelegene **Sylthotel Raffelhüschen**, Boysenstraße 8, Westerland, Tel. 04651/83 62 10, www.sylthotel-raffelhueschen.de.
Wenn es luxuriös sein darf: Das 5-Sterne-Hotel **Söl'ring Hof** in den Rantumer Dünen, Am Sandwall 1, Rantum, Tel. 04651/83 62 00, www.soelring-hof.de. Hier sieht man bei einem Glas Champagner vom Kingsize-Bett aus die Sonne im Meer untergehen.

**DIE SPANNENDSTE WATTFÜHRUNG:** machen die Zivildienstleistenden der **Schutzstation Wattenmeer**, die jeden Wattwurm rund um Hörnum persönlich kennen, Tel. 04651/88 10 93, www.schutzstation-wattenmeer.de.

**MÜSSEN SIE PROBIEREN:** Bandnudeln mit Lachs und frischem Queller, einer typischen Salzwiesenpflanze. Und natürlich Sylter Austern, die im Wattenmeer gezüchtet und in alle Welt verschickt werden.

**DIE BESTEN KRABBENBRÖTCHEN:** gibt's bei **Fisch Matthiessen** am Hörnumer Hafen. Und wer kein Brötchen mag, kann die Krabben direkt vom Kutter kaufen und selbst pulen.

**BEI SCHIETWETTER:** mit der Familie ins Westerländer Freizeitbad **Sylter Welle**, Strandstraße 32, mit Wellenbecken, drei verschiedenen Wasserrutschen und großer Saunalandschaft, geöffnet tägl. 10–22 Uhr. Oder ins **Sylt Aquarium** mit heimischen und tropischen Meeresbewohnern, vom Seestern bis zum Zebrahai: Gaadt 33, Westerland, Tel. 04651/836 25 22, www.syltaquarium.de, geöffnet tägl. 10–18 Uhr. Erwachsene erholen sich in einer der vielen Strandsaunen auf der Insel.

**DAMIT HABEN SIE NICHT GERECHNET:** Die Insel hat ihre eigene Sprache, das **Sölring**. Dies ist einer von neun Dialekten des Nordfriesischen, einer eigenständigen westgermanischen Sprache. Sölring wird heute allerdings nur noch von gut drei Prozent der Insulaner gesprochen. Der Heimatverein Solring Foriining bietet im Winter Sprachkurse an, Tel. 04651/32805.

**DIESES DATUM WIRD GEFEIERT:** Am 21. Februar, dem Nationalfeiertag der Nordfriesen, feiern die Sylter das **Biikebrennen**. Mit den lodernden Feuern wurden früher böse Geister vertrieben oder die Seefahrer zum Walfang verabschiedet (siehe Seite 94). Nach der Biike geht es zum Grünkohlessen.

**MEIN GANZ PERSÖNLICHER TIPP:** Naturfreunde sollten sich einen Spaziergang bei Sonnenaufgang am **Kampener Watt** nicht entgehen lassen, Kulturfreunde die **Rantumer Sylt-Quelle** besuchen, wo es neben Mineralwasser auch Ausstellungen, Konzerte und im Sommer das **Meerkabarett** gibt: www.sylt-quelle.de oder www.meerkabarett.de.

Zu jeder Jahreszeit
Sylt
L.A.CH. SCHULZ • HH • 040/369 80 40
Foto: www.aurora-sylt.de

ruhig, strandnah und zentral
Hotel
NIEDERSACHSEN
Sylt
www.hotel-niedersachsen.de
Tel. (04651) 9222-0

HOTEL
Miramar
...Urlaub in der "Ersten Reihe"
SUPERIOR
Friedrichstraße 43 · 25980 Westerland/Sylt
Tel. 0 46 51 / 85 50 · Fax 85 52 22
www.hotel-miramar.de
e-mail: info@hotel-miramar.de
SEIT ÜBER 100 JAHREN IN FAMILIENBESITZ

Besuchen Sie uns doch mal:
www.hausen-gottschalk.de
Informieren, buchen,
Koffer packen
und los geht's!
Es ist einfacher
als Sie denken!
APPARTEMENT-VERMITTLUNG
GERHARD HAUSEN & SOFUS GOTTSCHALK
Dünenstraße 6
25996 Wenningstedt/Sylt
Tel.: 0 46 51 / 414 26 • Mail: info@hausen-gottschalk.de

Helga Wedell & Team
Exklusive Ferienobjekte unter Reet
am Wattenmeer in & um Keitum
www.Wedell-Sylt.de
Bahnhofstr. 12 in 25980 Keitum/ Sylt
Tel: 04651 - 333 33 und Fax 333 53

STRANDHOTEL
Sylt
• zentral + ruhig gelegen
• in Westerland
• direkt hinter der Düne
• 52 großzügige Wohn-Schlafkombinationen
• gehobener 4-Sterne Komfort
• tolles Frühstück bis 12 Uhr
• Tiefgarage im Haus
WOHNEN IM STRANDHOTEL – SPEISEN AN VIELEN ORTEN!
Tel. 04651/83 80
www.sylt-strandhotel-westerland.de

HOTEL ROTH am Strande
gegenüber Freizeitbad „Sylter Welle“ (*Eintritt inkl.) und dem Syltness Center. Komfort-Zimmer und Appartements zum großen Teil mit Loggia u. Seeblick, großer Tagungsbereich, Hotelrestaurant, umfangreiches Frühstücksbüffet, Bierstube, Hotelbar, Bistro-Café, Fahrräder, Tiefgarage, Sauna u. Massagen.
Ganzjährig günstige Wochenpauschalen* für Zimmer und Appartements.
Strandstraße 31, 25980 WESTERLAND / SYLT, Telefon 04651/92 30, Fax 50 95
Infoband über unsere aktuellen Angebote, Telefon 04651/92 32 83
info@hotel-roth.de · www.hotel-roth.de

Ihr Partner für die
Sylt-
Gemeinschaftswerbung
L.A.CH. S SCHULZ
Tel. 040 / 369 80 40, www.lachschulz.de

Seiler Hof
Das „Klein-Keitum“ im Sylter Osten
11 Zimmer und Suiten
Virtueller Rundgang unter:
www.seilerhofsylt.de
25980 Keitum, Tel.(0 46 51) 93 34-0

Appartement-Vermietung
Vor- und Nachsaison
klein
Sonderpreise
Immobilien-Vermittlung
25996 Wenningstedt/Sylt
Telefon 0 46 51/4 14 91,
ida.klein@t-online.de www.ida-klein.de

www.rose&rose.de
Sylt Appartements
Rose & Rose, Stiindeelke 2, 25980 Rantum
Kostenlose Servicenummer.:
0 800 / 7 67 38 63 Fax: 0 46 51 / 2 82 35,
rose-rose@t-online.de

www
sylt-hotels.com

KLUGE
Immobilien
Erholung und Genuß pur.
Gemütliche FeWo's z.T. unter Reet, mit Schwimmbad, Sauna, Solarium, Fitness.
Kluge Immobilien
Tel. 0 46 51 / 50 15, www.kluge-sylt.de

Hotel
Vier Jahreszeiten
& Appartement-Haus Rungholt
Bei UNS scheint vier Jahreszeiten
die im Herzen!
Johann-Möller-Str. 40, 25980 Westerland
Tel. 0 46 51 - 98 67-0, Fax -77
www.sylt-vier-jahreszeiten.de

# HIGHLIGHTS DER KÜSTE

Vorbei die Zeiten, als Leuchttürme ausschließlich Schiffskapitänen den Weg wiesen. Heute sind viele für Besucher geöffnet; in einigen können Sie rustikal übernachten, in manchen sogar heiraten

Mitten im Jadebusen: der Arngaster Leuchtturm

## HAMBURG UND BREMEN

### LEUCHTTURM NEUWERK

☒ FÜHRUNG ☒ ÜBERNACHTEN ☐ HEIRATEN

Mitten im Nationalpark Hamburgisches Wattenmeer liegt die Insel Neuwerk, wo Antje Göttsche (siehe Porträt Seite 89) im backsteinernen Leuchtturm eine kleine Pension betreibt. Der Turm wurde bereits 1310 errichtet und ist das älteste Gebäude Hamburgs. Die Übernachtung mit Frühstück kostet zwischen 50 und 70 €, Zahlung nur in bar.

■ **Pension Leuchtturm-Neuwerk** *Tel. 04721/290 78 oder 04092/09 99 80, www.leuchtturmneuwerk.de*

### LEUCHTTURM OBEREVERSAND

☒ FÜHRUNG ☐ ÜBERNACHTEN ☒ HEIRATEN

1887 in Betrieb genommen, leuchtete der Turm bis 1923 Schiffen auf der Außenweser, danach diente er als Zuflucht für Schiffbrüchige. Die Innenausstattung ist bis heute besonders authentisch erhalten. Geöffnet wird im Sommer dienstags sowie donnerstags bis sonntags von 15 bis 17 Uhr, im Winter nur sonntags von 14 bis 16 Uhr (ab 15. September 2008 wird allerdings renoviert). Geheiratet werden kann auch außerhalb der Öffnungszeiten.

■ **Förderverein Leuchtturmdenkmal Obereversand e. V.** *Westerbüttel 13, Dorum, Tel. 04742/ 89 39 oder 395, www.oberever sand.de*

Öffnet auch für Brautpaare: der Leuchtturm Obereversand

## NIEDERSACHSEN

### LEUCHTTURM CAMPEN

☒ FÜHRUNG ☐ ÜBERNACHTEN ☐ HEIRATEN

Seit 1891 steht die Stahlkonstruktion an der Emsmündung. Eine enge Wendeltreppe führt über 320 Stufen bis zur Spitze. Kinder können es hier zu diplomierten Leuchtturm-Hilfswärtern bringen. Der Turm ist bis zum 25. Oktober wochentags ab 14 Uhr sowie an Sonn- und Feiertagen ab 11 Uhr geöffnet. Mittwochs zeitweise Ruhetag!

■ **Touristik-GmbH Krummhörn-Greetsiel** *Zur Hauener Hooge 11, Greetsiel, Tel. 04926/91 88 0, www.krummhoern-greetsiel.de*

### LEUCHTTURM PILSUM

☒ FÜHRUNG ☐ ÜBERNACHTEN ☒ HEIRATEN

Der rot-gelb geringelte Turm hat bereits Kinoruhm erlangt: Im Film „Otto – der Außerfriesische" rettete Otto Waalkes ihn 1989 vor dem Abriss. Bei freiem Eintritt werden zweimal im Monat jeweils sonntags Führungen angeboten; Gruppen können Sondertermine vereinbaren. Wer sich trauen lassen möchte, zahlt rund 330 €.

■ **Deichacht Krummhörn** *Jannes-Ohling-Str. 23, Krummhörn, Tel. 04923/911 10;* Termine unter *www.pilsumer-leuchtturm.de*

### ALTER LEUCHTTURM WANGEROOGE

☒ FÜHRUNG ☐ ÜBERNACHTEN ☒ HEIRATEN

Der 1969 abgeschaltete Turm dient als Aussichtspunkt und Museum. Eine Austellung mit über 900 Exponaten wie Schiffsmodellen oder Rettungsringen vermittelt einen guten Eindruck von der Inselgeschichte und ist ganzjährig von mittwochs bis sonntags geöffnet. Gruppen von sechs bis zwölf Personen können in anderthalb Stunden das „Leuchtturmwärterpatent" erwerben, inklusive Knotenkurs für Anfänger und schriftlicher Prüfung bei Leuchtturmwärter Jan Gerdes.

■ **Inselmuseum Alter Leuchtturm** *Zedeliusstraße 3, Wangerooge Tel. 04469/83 24, www.leuchtturm-wangerooge.de*

### LEUCHTTURM ARNGAST

☒ FÜHRUNG ☐ ÜBERNACHTEN ☐ HEIRATEN

Der Name des Turms im Jadebusen erinnert an die Insel Arngast, deren Reste 1905 bei einer Sturmflut untergingen. Seit 2003 ist das Gebäude, das auf 112 Holzpfählen fußt, offizielles Kulturdenkmal. Man erreicht es bei einer Wattwanderung von Dangast aus oder mit dem Passagierschiff „Etta von Dangast".

■ **Wattführer Gerke-Enno Ennen** *Tel. 04465/570, www.wattlopen.de;* Fahrpläne der „Etta von Dangast" und weitere Informationen: *www.ettavondangast.de*

### LEUCHTTURM ROTER SAND

☒ FÜHRUNG ☒ ÜBERNACHTEN ☐ HEIRATEN

1964 wurde der Off-Shore-Turm abgeschaltet und dem Meer überlassen, erst 1987 kam die Rettung: Damals erhielt das Bauwerk eine stählerne Manschette, die sein Fundament stützt. Seit 1999 können es Besucher (ab zwölf Jahren) mit dem Schiff erreichen; auch Übernachtungen sind möglich. Für 2008 ist jedoch alles ausgebucht.

■ **BIS Bremerhaven Touristik** *H.-H.-Meier-Straße 6, Bremerhaven, Tel. 0471/946 46 10, www.bremerhaven-tourism.de*

### LEUCHTTURM WREMEN

☒ FÜHRUNG ☐ ÜBERNACHTEN ☒ HEIRATEN

Seinen Spitznamen „Kleiner Preuße" erhielt der Turm wegen des Anstrichs: Schwarz und Weiß waren die Nationalfarben Preußens. Geöffnet wird nach telefonischer Vereinbarung, der Eintritt ist frei. Trauungen kosten ab 65 € plus Standesamtgebühren.

■ **Henning Siats** *Tel. 0170/ 185 28 71 oder Willy Jagielki, Tel. 04705/309, www.kleiner-preusse.de*

### LEUCHTTURM ALTENBRUCH

☒ FÜHRUNG ☐ ÜBERNACHTEN ☒ HEIRATEN

Im Jahr 1897 strahlte der 13 Meter hohe Turm bei Cuxhaven erstmals über die See. Seit 1983

steht die „Dicke Berta", so der Spitzname, unter Denkmalschutz. Der Turm ist von Ostersamstag bis Ende September dienstags und samstags geöffnet; Sonderführungen sind möglich.
■ **Förderverein Leuchtturm Dicke Berta e. V.** *Hans-Jürgen Umland, Tel. 04722/25 32, www.dickeberta.de*

## SCHLESWIG-HOLSTEIN

### LEUCHTTURM WESTERHEVERSAND

☒ FÜHRUNG ☒ ÜBERNACHTEN ☒ HEIRATEN

Er ist einer der berühmtesten Leuchttürme Deutschlands: Seit 1908 dient das Wahrzeichen im Nordwesten von Eiderstedt als Leuchtfeuer. Montags und mittwochs von 10 bis 16 Uhr dürfen Besucher (ab acht Jahren) die 157 Stufen erklimmen; Eintrittskarten vorbestellen! Wichtig: Der Turm kann nur zu Fuß oder per Fahrrad erreicht werden, über einen 2,5 Kilometer langen Weg von Westerhever aus. Neben dem Turm steht das Nationalpark-Seminarhaus Westerhever, das naturkundliche Seminare für Schüler und Studenten bietet. Kartenbestellung und -verkauf:
■ **Tourismusverein Westerhever-Poppenbüll e. V.** *Tel. 04865/12 06, www.westerhever-nordsee.de*

### LEUCHTTURM PELLWORM

☒ FÜHRUNG ☐ ÜBERNACHTEN ☒ HEIRATEN

Im Jahr 2007 wurde er 100 Jahre alt: Der Pellwormer Turm, immer noch in Betrieb, steht stabil auf 127 Eichenpfählen, jeder fast 14 Meter lang, seine 608 Stahlsegmente werden von 16 400 Schrauben und Bolzen gehalten. Nach Absprache wird er für Gruppen von maximal zehn Besuchern (ab acht Jahren) geöffnet. Bei Kapitän Wilfried Eberhardt kann man sich zur Trauung anmelden.
■ **Kur- und Tourismusservice Pellworm** *Tel. 04844/189 40, www.pellworm.de;* Information zur Trauung: ■ **Wilfried Eberhardt** *Tel. 04844/ 99 08 80, www.leuchtturm-hochzeit.de*

### LEUCHTTURM AMRUM

☒ FÜHRUNG ☐ ÜBERNACHTEN ☐ HEIRATEN

41,8 Meter misst der Turm auf der nordfriesischen Insel. Bei guter Sicht kann man mit dem Fernglas von seiner Aussichtsplattform Helgoland sehen – vorausgesetzt, man schafft die 295 Stufen vom Fuß der Düne bis oben. Im Sommer sind Besichtigungen wochentags von 8.30 bis 12.30 Uhr möglich, im Winter mittwochs von 9.30 bis 14 Uhr.
■ **AmrumTouristik** *Wittdün auf Amrum, Tel. 04682/940 30, www.amrum.de*

### LEUCHTTURM HÖRNUM

☒ FÜHRUNG ☐ ÜBERNACHTEN ☒ HEIRATEN

Der gut 33 Meter hohe Turm im Süden Sylts ist seit 1907 in Betrieb und Teil einer „Serienproduktion", zu der die Türme auf Pellworm und Westerhever gehören. Werktags außer dienstags ist der Turm um 9.30, 10.30 und 11.30 Uhr zugänglich (Kinder ab dem achten Lebensjahr). Karten unbedingt vorbestellen, aus statischen Gründen dürfen nur zehn Personen pro Führung mit. Von April bis Oktober werden außerdem Ehen geschlossen.
■ **Kurverwaltung Hörnum** *Rantumer Straße 20, Hörnum, Tel. 04651/962 60, www.hoernum.de*

# IHR FOTO IN GEO SPECIAL

**MITMACHEN, ENTDECKEN, PLANEN** – mehr als 6500 Mitglieder haben das seit dem Start der neuen Reisecommunity von GEO bereits getan. Auf der Internetseite www.geo-reisecommunity.de kommen sie alle zusammen, tauschen sich aus, geben Tipps für Restaurants, Hotels und Sehenswürdigkeiten – und können ab sofort ihre besten Urlaubsbilder ins Rennen schicken: Denn wir rufen passend zum jeweiligen Heftthema einen Fotowettbewerb aus. Beim Thema »Nordsee« haben uns viele überzeugt. Hier die Gewinner

**Herr Conring, Sie haben nicht nur diesen Fotowettbewerb gewonnen, sondern auch einen Sonderpreis für Frühaufsteher verdient, oder?**
Als ich an diesem Märzmorgen auf Juist die Augen aufmachte, dachte ich: Schnee! Deshalb musste ich unbedingt raus und habe nur gerufen: „Ich gehe schnell Brötchen holen!" Natürlich bin ich nicht direkt zum Einkaufen, sondern erst einmal mit dem Fotoapparat ans nahe Watt. Abgedrückt habe ich um drei Minuten vor acht, schrecklich kalt war es und alles noch jungfräulich weiß. Und die Sonne brach für einen Augenblick durch die Wolken.
**Verzichten Sie für solche Momente häufiger aufs Ausschlafen?**
Um ehrlich zu sein: nicht mehr. Besonders nicht im Alltag. Aber auf einer Insel wie Juist ist das anders. Da muss es einfach sein, sonst verpasst man tatsächlich was. Allerdings ist es nicht empfehlenswert, einfach so allein ins Watt zu wandern. Vor allem dann nicht, wenn die Familie denkt, man steht eigentlich beim Bäcker in der Schlange. Aber ich bin ein Inselkind, die ersten zwei Jahrzehnte meines Lebens habe ich auf Juist verbracht. Und jetzt, bei gelegentlichen Besuchen, nehme ich die Schönheit der alten Heimat umso intensiver wahr. Manchmal verliere ich mich geradezu in ihr, laufe stundenlang mit der Kamera umher. Aber ich kann Sie beruhigen: Brötchen gab es an jenem Morgen dennoch.
**„Amcon" lautet Ihr Name in der Reisecommunity, und fast 200 Ihrer Fotos sind dort schon zu sehen. Warum machen Sie sich so viel Mühe?**
Nun, die Winterfotos von Juist habe ich online gestellt, um meine kleine Insel ein wenig zu pushen. In der Vorbereitung ist nun „Juist im Sommer". Und seit heute auch noch Südafrika. Das kann ich anderen Mitgliedern nämlich auch sehr ans Herz legen. Also: Nur hin – und die schönsten Momente nicht verschlafen!

## Watt, Dorum-Neufeld ▲

Eigentlich wollte ich Wattwürmer fotografieren, aber diese Jungs zogen meine Aufmerksamkeit einfach auf sich. Sie waren so voller Lebensfreude! Und als dann noch einer den Handstand im Schlick wagte, waren mir die Würmer schlagartig egal. Meine Lieblingsmotive sind aber seit Jahren Möwen; ich habe sie schon bei unzähligen Gelegenheiten fotografiert. Hier lautet das Erfolgsrezept: ganz, ganz viel Geduld. Manchmal sitze ich einen halben Tag auf irgendeiner Kaimauer; von 150 Versuchen ist nur ein Bild so scharf wie das, was ich schließlich für den Wettbewerb eingereicht habe. In der Reisecommunity findet man mich übrigens unter dem Namen „Ulich". Ich mag den Austausch mit wildfremden Leuten, 20 neue Freunde habe ich schon. ***Beate Ulich***

## Nebel, Amrum ▲

Seit über 50 Jahren besuche ich Amrum immer wieder. Zuerst mit den Eltern – und mittlerweile mit den eigenen Kindern. Eine Urlaubsliebe, über die ich in der Community als „815918" mehr erzähle. ***Rüdiger Koll***

## Machen Sie mit: www.geo-reisecommunity.de

Außergewöhnlich viele Fotos von der deutschen **Nordsee** haben uns erreicht. Dafür danken wir sehr und hoffen, dass Sie uns auch die nächste Auswahl möglichst schwer machen. Denn wir suchen sie wieder: die wundervollsten Fotos Ihres letzten Urlaubs – dieses Mal lautet das Thema **Schweiz**. Die besten Schnappschüsse veröffentlichen wir gegen Honorar in **GEO Special Schweiz**, das ab 28. Mai an den Kiosken liegt. Fotos einreichen können Sie unter **www.geo-reisecommunity.de/wettbewerb/geo-special** bis zum 21. April 2008. Wir freuen uns auf Ihre Beiträge!

# DEUTSCHE NORDSEE

Inseln
Wangerooge
Alter Leuchturm
Spiekeroog
Langeoog
Minsener Oog
Wattenmeer
Neuharlingersiel
Harlesiel
Flugplatz Harle
Schillig
Dornumer-siel
Carolinensiel
Horumersiel
Jade
Benser-siel
Esens
Wanger-land
Holtgast
Stedesdorf
Hooksiel
Dunum
Wittmund
Jever
WILHELMS-HAVEN
Middels
Schortens
Oceanis
Sande
Aurich
Ems-Jade-Kanal
Wedelfelder Mühle
Rømø
List
DÄNEMARK
Åbenrå
Vom Leben auf der Kippe ab Seite 108
Kampen
Watt'n dat? ab Seite 30
Tønder
Tinglev
Wenningstedt
Westerland
Sylt
Klanxbüll
Süderlügum
Nordfriesland
Harrislee
FLENSBURG
Auf Walkampf ab Seite 94
Niebüll
Leck
Hörnum
Föhr
Wyk auf Föhr
Dagebüll
Schlütt-siel
Die reizende Küste ab Seite 100
Norddorf
Oland
Zwischen Land und Unter ab Seite 40
Wanderup
Tarp
Nationalpark
Wittdün
Langeneß
Amrum
Bredstedt
Nordfriesische Inseln
Hamburger Hallig
Schleswig-Holsteinisches
Hooge
Pellworm
Husum
Nordstrand
Wattenmeer
Friedrichstadt
Westerheversand
Eiderstedt
Schleswig-Holstein
St. Peter-Ording
Tönning
Am Strand der Drachen ab Seite 64
NORDSEE
Helgoland
Deutsche Bucht
Wesselburen
Heide
Kartenausschnitt links
Ein Meer im Fluss ab Seite 52
Helgoländer Bucht
Albersdorf
Büsum
Sturmflutwelt Blanker Hans
Dithmarschen
Kanal
erster Offshore-Windpark Deutschlands
Trischen
Meldorfer Bucht
Meldorf
Ölplattform Mittelplate
Nationalpark Hamburgisches Wattenmeer
Friedrichskoog
Scharhörn
Neuwerk
Marne
Elbe
Wilster
Brunsbüttel
Kartenausschnitt oben
Niedersächsisches
Roter Sand
Wattenmeer
Hoher Knechtsand
CUXHAVEN
Nationalpark
Ostfriesische Inseln
Alter Leuchturm Wangerooge
Wrackmuseum
Altenbruch
Otterndorf
Glückstadt
Spiekeroog
Langeoog
Norderney
Baltrum
Oberheversand
Nordholz
Land Hadeln
Wischhafen
Juist
Harlesiel
Dornumersiel
Neuharlingersiel
Alte Mellum
Wremen
Land Wursten
Hemmoor
Borkum
Dornum
Esens
Norddeich
geplanter Jade-Weser-Port
Bad Bederkesa
Himmelpforten
Norden
Großheide
Wittmund
Frischer Wind ab Seite 134
Langen
Und wann taucht ihr wieder auf? ab Seite 114
Pilsum
Greetsiel
AURICH
Jever
WILHELMS-HAVEN
Schortens
Auswandererhaus
BREMER-HAVEN
Ostfriesland
Arngast
Jadebusen
Nordenham
Eemshaven
Campen
Hinte
Ems-Jade-Kanal
Dangast
Loxstedt
Beverstedt
Bremervörde
Suurhusen, Schiefster Turm der Welt
Varel
Schwimmendes Moor
Delfzijl
EMDEN
Kunsthalle
Dat Otto Huus
Mittegroßefehn
Bockhorn
Sandstedt
Gnarrenburg
Appingedam
Ditzum
Bültjer-Werft
Remels
Brake
GRONINGEN
Dollart
Westerstede
Niedersachsen
Zeven
Osterholz-Scharmbeck
Leer (Ostfriesland)
Worpswede
Weener
Veendam
Winschoten
Bad Zwischenahn
OLDENBURG
Die Traumschiff-Fabrik ab Seite 68
Rotenburg (Wümme)
LANDE
Meyer Werft
Papenburg
BREMEN
GEO-Grafik

# LESERBRIEFE

## GEO Special Vietnam (05/07)

Mir ist aufgefallen, dass sehr positiv berichtet wird. Das kann doch nicht sein. Ich weiß mit Sicherheit, dass in dem einen oder anderen Land nicht alles so rosig ist. Kann ich also Ihren Berichten nicht mehr glauben?

— A. LINDIAF, PER E-MAIL

*Dass es weltweit kein Land ohne Schattenseiten gibt – dieses Wissen setzen wir bei unseren Lesern voraus. Dennoch können Sie uns glauben: Unsere Reporter berichten unabhängig über alle Themen, mit denen Sie als Reisender mit einiger Wahrscheinlichkeit in Berührung kommen. Und für vertiefte Landeskunde haben wir eine neue Rubrik eingeführt: das mehrseitige Dossier.*

## GEO Special Vietnam (05/07)

Von Glück kann man sprechen, dass Ihr Redakteur ein Indochina-Fan und ein Gourmet ist. War es ein Wunder, dass wir uns – wie empfohlen – zum Abendessen bei Didier Corlou einfanden? Es war „Sterne-verdächtig". Sowohl die angegebenen Adressen als auch die einzelnen Beiträge waren für Reise und Verständnis der Region sehr wertvoll. Danke, dass es euch gibt!

— JÜRGEN STEINHAUER, FORBACH

## GEO Special Vietnam (05/07)

Das nennt man wohl einen Zufallstreffer. Pünktlich zu unserer Reise durch Vietnam, Laos und Kambodscha lag das neue GEO Special am Kiosk. Vielen Dank für spannend geschriebene und inspirierende Texte – und zu Ihren Fotos muss man sowieso nichts mehr sagen. Den „Beweis", dass uns das Heft während der gesamten fünf Wochen begleitet hat, habe ich angehängt (siehe Foto).

— CHRISTOPH MÜNZNER, PER E-MAIL


GEO Special

Gruner + Jahr AG & Co KG, Druck- und Verlagshaus, Am Baumwall 11, 20459 Hamburg.
**Postanschrift für Verlag und Redaktion:**
20444 Hamburg, Telefon 040/37 03-0, Telefax 040/37 03 56 48.
E-Mail: briefe@geo.de; Internet: www.GEO.de

**CHEFREDAKTEUR:** Peter-Matthias Gaede
**STELLVERTR. CHEFREDAKTEUR:** Christoph Kucklick
**GESCHÄFTSFÜHRENDE REDAKTEURE:** Meike Kirsch (Text), Ruth Eichhorn (Fotografie), Jutta Krüger (Art Direction)
**ART DIRECTOR:** Beate Meding; Katja Wegener, Ben Tepfer (freie Mitarbeit)
**TEXTREDAKTION:** Kirsten Bertrand, Markus Wolff
**BILDREDAKTION:** Bärbel Edse; Hannah Möller (freie Mitarbeit)
**VERIFIKATION:** Tobias Hamelmann (freie Mitarbeit), Andrea-Rebecca Flörke
**KARTOGRAPHIE:** Thomas Wachter, Rainer Droste
**SEKRETARIAT:** Dörte Nohrden, Elke Rehländer-Stöhr, Hella Strepp
**HONORARE/SPESEN:** Angelika Györffy
**SCHLUSSREDAKTION:** Antje Wischow; Hinnerk Seelhoff (Leitung), Jürgen Brüggemann, Brigitte Gajser, Dirk Krömer, Karola Schulte, Ralf Schulte; Assistenz: Hannelore Koehl
**TECHNISCHER CHEF VOM DIENST:** Rainer Droste
**MITARBEITER DIESER AUSGABE:**
Tom Dauer, Ute Eberle, Kerstin Friemel, Christine Heidemann, Dela Kienle, Andreas Lesti, Mirco Lomoth, Heiko Kammerhoff, Lennart Pyritz, Marten Rolff, Johanna Romberg, Christian Staas, Andreas Wenderoth, Lena Wessollek, Harald Willenbrock
**BILDADMINISTRATION UND -TECHNIK:** Stefan Bruhn
**GEO-BILDARCHIV:** Bettina Behrens, Gudrun Lüdemann, Peter Müller
**VERANTWORTLICH FÜR DEN REDAKTIONELLEN INHALT:**
Peter-Matthias Gaede

**REDAKTIONSBÜRO NEW YORK:** Nadja Masri (Leitung), Tina Ahrens, Christof Kalt (Assistenz)
535 Fifth Avenue, 29th fl., New York, NY 10017
Tel. 001/646-884 71 20, Fax 001/646-884 71 11, E-Mail: geo@geo-ny.com

**VERLAGSLEITUNG:** Dr. Gerd Brüne, Ove Saffe
**ANZEIGENLEITERIN:** Anke Wiegel
**VERTRIEBSLEITERIN:** Ulrike Klemmer/DPV Deutscher Pressevertrieb
**MARKETING:** Julia Duden (Ltg.), Anja Stalp
**HERSTELLER:** Oliver Fehling

**ANZEIGENABTEILUNG**
Anzeigenverkauf: Korinna Koschek,
Tel. 040/37 03 22 48, Fax 040/37 03 17 22 48
Anzeigendisposition: Marco Schütze,
Tel. 040/37 03 23 27, Fax 040/37 03 58 87
Es gilt die Anzeigenpreisliste Nr. 35 vom 1. Januar 2008
Bankverbindung: Deutsche Bank AG Hamburg,
Konto 0322800, BLZ 200 700 00
Druck: Prinovis Itzehoe GmbH & Co KG

GEO ist auf Papier gedruckt, das aus einem Drittel – ausschließlich chlorfrei gebleichtem – Zellstoff, aus einem Drittel Durchforstungsholz und einem Drittel Altpapier hergestellt ist. Printed in Germany

GEO Special (USPS no 0014523) is published Bi-monthly by GRUNER + JAHR AG & CO. Subscription price for USA is $ 60 per annum. K.O.P.: German Language Pub., 153 S Dean St, Englewood NJ 07631. Periodicals Postage is paid at Englewood NJ 07631 and additional mailing offices. Postmaster: Send Address changes to: GEO Special, GLP, PO Box 9868, Englewood NJ 07631.

**GEO-SPECIAL-LESERSERVICE**

**Fragen an die Redaktion**
Telefon: 040/37 03 20 73, Telefax: 040/37 03 56 48, E-Mail: briefe@geo.de

**ABONNEMENT- UND EINZELHEFTBESTELLUNG**

**Abonnement Deutschland, Heftpreis im Abonnement: 6,95 €**
■ *Bestellungen:* DPV Deutscher Pressevertrieb, GEO-Kundenservice, 20080 Hamburg, Telefon: 01805 / 861 80 01*
■ *Kundenservice allgemein* (persönlich erreichbar)
Mo bis Fr 7.30 bis 20.00 Uhr, Sa 9.00 bis 14.00 Uhr
Telefon: 01805 / 861 80 01*, Telefax: 01805 / 861 80 02*
24-Std.-Online-Kundenservice: www.MeinAbo.de/service

**Abonnement Österreich, Heftpreis im Abonnement: 8,10 €**
■ *GEO-Special-Abonnentenservice*, Postfach 5, 6960 Wolfurt, Telefon: 0820 / 00 10 85, Telefax: 0820 / 00 10 86
E-Mail: geo-special@abo-service.at

**Abonnement Schweiz, Heftpreis im Abonnement: 13,60 sfr.**
■ *GEO-Special-Leserservice*, Postfach, 6002 Luzern
Telefon: 041 / 329 22 20, Telefax: 041 / 329 22 04
E-Mail: geo-special@leserservice.ch

**Abonnement übriges Ausland, Heftpreis im Abonnement auf Anfrage**
■ *GEO-Special-Kundenservice*, Postfach, CH-6002 Luzern;
Telefon: 041 / 329 22 20, Telefax: 041 / 329 22 04
E-Mail: geo-special@leserservice.ch

**BESTELLADRESSEN FÜR GEO-BÜCHER, GEO-KALENDER, SCHUBER ETC.**

**Deutschland**
■ *GEO-Versand-Service*, Werner-Haas-Straße 5, 74172 Neckarsulm, Telefon: 01805 /06 20 00*, Telefax: 01805 /08 20 00*
E-Mail: service@guj.com

**Schweiz**
■ *GEO-Versand-Service 50/001*, Postfach 1002, CH-1240 Genf 42

**Österreich**
■ *GEO-Versand-Service 50/001*, Postfach 5000, A-1150 Wien

**Bestellungen per Telefon und Fax für alle Länder**
Telefon: 0049/1805-06 20 00, Telefax: 0049/1805-08 20 00
E-Mail: service@guj.com

ISBN 978-3-570-19807-0 ISSN 0723-5194

*14 Cent/Min. aus dem deutschen Festnetz, Mobilfunkpreise können abweichen

***Fotovermerke nach Seiten.*** *Anordnung im Layout: l. = links, r. = rechts, o. = oben, m. = Mitte, u. = unten*

**TITEL:** Rudolf Leimer/Bildagentur Huber

**SEITE 3:** Bernd Dinkel: o.; Heike Ollertz/Agentur Focus: u.

**SEITE 4:** Ingo Arndt: l. o.; Jochen Knobloch aus: „Im Flug über die Deutsche Nordseeküste", Hinstorff Verlag: r. o.; Tamas Dezso l. u.; Thomas Ernsting/Bilderberg: r. u.

**SEITE 5:** Andreas Teichmann/laif: l. o.; Syltpicture: r. o.; Sophie Henkelmann: m. o.; Schleswig-Holsteinische Landesbibliothek: m. u.; Heike Ollertz/Agentur Focus: u.

**KOMPASS:** Gräfenhain/Bildagentur Huber: 6; Hannah Möller: 7 l. o., 10 l. o.; 10 l. m. o.; 10 u.; Schining/ullstein bild: 7 l. u.; Christina Anzenberger-Fink/Agentur Anzenberger: 7 r. o.; Eberhard Grames/Bilderberg: 7 r. m.; www.deff.de-Deff Westerkamp: 7 r. u.; Frank Lukasseck/Corbis: 8 l. o.; Olaf Doering: 8 l. m.; Felix Jachmann: 8 l. u.; Hartmut Schwarzbach/argus: 8 r. o.; Carmen Jaspersen/dpa/lni: 8 r. m.; Kay Nietfeld/dpa/lno: 8 r. u.; Levelone: 10 l. m. u.; Christian Hager/dpa/lno: 10 r. o.; Martin Brieger: 12 o.; Melanie Dreysse: 12 u.; Markus Hibbeler/action press: 13 o.; Matthias Haupt/Picture Press: 13 u.

**AUS DER MÖWENPERSPEKTIVE:** Jochen Knobloch aus: „Im Flug über die Deutsche Nordseeküste", Hinstorff Verlag: 14–25

**REIF FÜR DIESE INSELN?:** Gregor Lengler/laif: 26 o.; Ingo Wandmacher: 26 u.; Gräfenhain/Bildagentur Huber: 27 o.; Ralf Kreuels/laif: 27 m.; Ingo Arndt: 27 u.; Achenbach & Pacini/Visum: 28 o.; Heinz Wohner/Look: 28 m.; Marc Steinmetz/Visum: 28 u.; Eberhard Grames/Bilderberg: 29 l. o.; Christian Bäck: 29 r. o.; Heike Ollertz/Agentur Focus: 29 l. u.; Ulf Böttcher/Bilderberg: 29 r. u.;

**WATT'N DAT? EIN TANDEM:** Heike Ollertz/Agentur Focus: 30–38 o. und u.; Thomas Langreder/Visum: 38 m. r.

**ZWISCHEN LAND UND UNTER:** Tamas Dezso: 40–50

**EIN MEER IM FLUSS:** Ingo Arndt: 52–60; Illustration: Jochen Stuhrmann: 62/63

**AM STRAND DER DRACHEN:** Walter Schmitz/Gruppe 28: 64–67

**DIE TRAUMSCHIFF-FABRIK:** Thomas Ernsting/Bilderberg: 68–79 außer David Hecker/AFP/Getty Images: 73 r. u.

**DAS WUNDERTIER NORDSEEKRABBE:** Illustration: Tim Wehrmann: 80–83

**NICHT OHNE MEINE SEE:** Andreas Teichmann/laif: 84–92

**AUF WALKAMPF:** Altonaer Museum: 94, 95 o., 97 u.; Dr. Carl-Haeberlin Friesen Museum, Föhr: 95 u., 97 l. o.; akg-images: 96; Dorling Kindersley/Getty Images: 97 r. o.; Hubertus Blum/Mauritius Images: 98

**DIE REIZENDE KÜSTE:** Andreas Reeg/Visum: 100–106 außer Otto Haeckel/bpk: 106 u.

**VOM LEBEN AUF DER KIPPE:** Syltpicture: 108, 109, 110, 111 r. u, 112 l.; Hans-Jürgen Stöver: 111 l. o., 111 m. r.; Uwe Sönnichsen aus: „Wenn die Deiche brechen", Husum Verlag: 111 r. o.; Otto Schulze/Schöning Verlag: 112 r.

**UND WANN TAUCHT IHR WIEDER AUF?:** Sophie Henkelmann: 114–123 o., 123 l. u.; KPA/SV-Bilderdienst: 123 m. u.; Rene Tillmann/Freelens Pool: 123 r. u.

**DOSSIER:** Schleswig-Holsteinische Landesbibliothek: 127; Olaf Rahardt/ullstein bild: 128 l. o.; akg-images: 128 r. o.; Hans Peter Duerr aus „Rungholt – Die Suche nach einer versunkenen Stadt", Insel Verlag: 128 l. u.; bpk: 128 r. u.; action press/Inselpress: 129 o.; Picture Alliance/epd-Bild: 129 u.; Juniors Tierbild: 130 o.; Matthias Deicke: 130 u.; Jan Andries van Franeker/MARES, Texel: 131 o.; Klaus Vanselow, FTZ: 131 u.; Berthold Steinhilber/Bilderberg: 132 o.; Schöning/ullstein bild: 132 u.; Syltpicture: 133; dpa/Picture Alliance: 134 o.; Atlantic Hotel Sail City: 134 u.; Axel Kull/vision photos: 135 o.; Frank Zauritz/laif: 135 u.;

**SERVICE:** Ottmar Heinze: 137; Paul Hahn/laif: 139 o.; Joerg Modrow/laif: 142/143 o.; K.-H. Raach/dpa/Picture Alliance: 143 u.; Tim Riediger/ddp: 144 o.; stockmaritime.com/aerofilm: 146 o.; vision photos: 146 u.

**GEO-REISECOMMUNITY:** Hans-Joachim Conring: 148; Beate Ulich: 149 o.; Rüdiger Koll: 149 u.

**KARTEN:** Thomas Wachter: 6, 15-25, 33, 50, 78, 113, 150/151; Rainer Droste: 26–29

**SEITE 152:** Christioph Münzner

**VORSCHAU:** Christian Heeb/laif: 153 o.; Robert Huber/Lookatonline: 153 l. u.; Heinz Julen: 153 r. u.

**INTERVIEW:** Thorsten Futh/laif: 154

# SCHWEIZ

**UND SIE DREHT SICH DOCH:** Weshalb die Schweiz moderner ist, als viele glauben. **UMFRAGE:** Wer hat Angst vorm großen Kanton? **DIE SCHWEIZ UND IHR MEER:** Eine fotografische Reise. **LEBENSQUALITÄT:** Basel, Bern, Genf und Zürich im Vergleich. **HEIMVORTEIL:** Wie kickt es sich auf Europas höchstem Fußballplatz? **DIE KUNST DER BESCHEIDENHEIT:** Zu Gast bei exklusiven Privatsammlern. **WIE DIE SCHWEIZER TICKEN:** Eine Porträtserie. **DIE VERÄNDERUNG DER ALPEN:** Höher, länger, teurer – weshalb ein Bauboom über die Berge kommt. **KULINARISCHE INVENTUR:** Woher das Fondue wirklich stammt. **WIDMER WANDERT:** Mit dem Wanderpapst in alle Landesteile. **GIPFELERLEBNISSE:** Bekannte Schweizer über unbekannte Lieblingsorte. **EURO 2008:** Tipps für den Fußballrausch.

Lebenswert: Zürich. Lebenslustig: Alpöhi in Maienfeld. Lebenstraum: Klein Matterhorn, das von einer gewagten Konstruktion gekrönt werden soll

**▶ DIE ZULETZT ERSCHIENENEN AUSGABEN:**

5/2007

6/2007

1/2008

**▶ DIE FOLGENDEN AUSGABEN:**

- Kanada
- Namibia und Botswana
- Magische Orte

DAS **GEO SPECIAL SCHWEIZ**
ERSCHEINT AM 28. MAI 2008

## Wie lebt es sich eigentlich als…

# …Knochenbrecher in Ostfriesland?

**Tamme Hanken**, 47, heilt mit bloßen Händen: Der Zwei-Meter-Hüne hilft verletzten Pferden, weist aber auch verrenkte Mäuse oder Menschen nicht ab

**Herr Hanken, „brechen" Sie tatsächlich Knochen?**
Nein, „Knochenbrecher" ist lediglich die ostfriesische Bezeichnung für einen alten Heilberuf. Es kracht halt schon mal, wenn man angeknackste Rippen zurechtzieht. Das ist keine rohe Gewalt, dazu gehört eine angeborene Feinfühligkeit. Wir Knochenbrecher versuchen außerdem, ganzheitlich zu heilen, und wir kennen all die kleinen Geheimnisse unserer ostfriesischen Natur, von der Kraft bestimmter Kräuter bis hin zur Wirkung einer Schlick- oder Moorpackung.
**Wie macht sich Ihre „angeborene Feinfühligkeit" bemerkbar?**
Durch Abtasten fühle ich Blockaden und Entzündungen und spüre, was mit den Nerven nicht stimmt. Wie mit einem Scanner fahre ich mit der Hand über die betroffene Stelle und weiß gleich, wo ich dehnen oder einrenken muss. Das ist angeboren, der liebe Gott hat mir die Gabe in die Wiege gelegt. Dieses Geschenk machte er mehreren ostfriesischen Familien, es sind immer dieselben Sippen, aus denen die Knochenbrecher kommen. Ich bin ja auch kein gelernter Chiropraktiker, sondern Landwirt.
**Wie hielt sich die Tradition der Knochenbrecher in Ostfriesland?**
Sie brauchen nur auf die Landkarte zu schauen. Wir sind eingeschlossen: im Rücken die Nordsee, zur Rechten Holland, zur Linken die „Oldenburger Grafen" und vorn das Oldenburgische Münsterland. Wir wollten daher immer nur das eine: unsere Unabhängigkeit bewahren. Dazu gehörte auch die Heilkunst. Wir Ostfriesen halfen uns am liebsten selbst. Die Feinde jenseits der Grenzen wollte man nicht fragen.
**Auf Ihrem Reha-Hof in Filsum kurieren Sie Tiere vom Pferd bis zur Maus. Kommen auch Menschen zu Ihnen?**
Ja, der Ansturm ist groß. Ich helfe eben gern, und Unterschiede zwischen Tier und Mensch gibt es nicht. Wer Kummer hat, darf zu mir kommen, egal ob mit einem Bandscheibenvorfall, einer ausgerenkten Schulter oder mit verdrehtem Fuß.
**Wie viele Heilkundige Ihrer Art gibt es noch?**
Ich bin der letzte in der Familie. Meine Frau und ich haben keine Kinder, aber irgendwo in der Verwandtschaft taucht die Gabe bestimmt wieder auf. Wir hoffen, dass einer nachkommt, solange ich lebe, dann hat er es leichter. Insgesamt gibt es vielleicht noch vier oder fünf Familien mit Knochenbrechern. Alle Kollegen aber sind schon über 60 Jahre alt.
**Gehen Sie zum Orthopäden, wenn Ihnen selbst etwas fehlt?**
Ich war einmal nach einem Unfall dort – ein Hengst hatte mich umgerannt und zu drei doppelten Rittbergern gezwungen. Der Orthopäde hat mir nicht helfen können. Ich bin dann zu einem Kollegen an der Küste gegangen, und der hat alles wieder eingerenkt. Seitdem gehe ich nur noch zum Knochenbrecher!

INTERVIEW: MIRCO LOMOTH

**»Alles, was lahm ist, kommt zu mir«, sagt Tamme Hanken. Mit kühnem Griff ertastet er Blockaden**